Bert Bresgen, Anton Le Goff

Die Grüne Soße Bibel

Bert Bresgen
Anton Le Goff

Die Grüne Soße Bibel

Das Buch zur Kultspeise

SOCIETÄTS
VERLAG

Satz: Nicole Ehrlich, Societäts-Verlag
Umschlaggestaltung: Nicole Ehrlich, Societäts-Verlag
Umschlagabbildung: © Sabine Imhof, Grüne Soße Festival
Druck und Verarbeitung: CPI – Ebner & Spiegel, Ulm
Printed in Germany 2014

ISBN 978-3-95542-071-0

Inhalt

Vorwort

G*elobt seist du, mein Herr, durch Mutter Erde. Sie bringt Kräuter hervor und bunte Blumen.* So dichtet Franziskus von Assisi in seinem berühmten Sonnengesang. Unser Ordensgründer hat da bestimmt noch nicht an die Grüne Soße gedacht. Aber als die ersten Franziskaner zehn Jahre nach dem Tod des Ordensgründers nach Frankfurt kamen, ist ihnen sicher bald bekannt geworden, wie gut hier die Kräuter sprießen. Wir Kapuziner jedenfalls, ebenfalls Brüder des Heiligen Franziskus, finden die Stadtluft von Frankfurt sehr gesund. Das Gemisch der Sprachen und Nationen im Wirbel der Besucherströme: Da denken wir doch gleich an die Kräuter und die richtige Mischung, die auch das Geheimnis der Grünen Soße ist.

Wie jedes Kraut, so hat jeder Mensch, ja jedes Geschöpf den einen Auftrag: Gott zu preisen durch Farbe, Geschmack, Laut, Flügelschlag oder Kochkunst und mehr. Und die Liebe unter den Geschöpfen zu vermehren. Vielleicht ist dafür am besten die Stille geeignet. Sie stellt sich von selber ein, wenn die kühle Soße, fein abgestimmt, und die heißen Kartoffeln den Gaumen erfreuen. Da wird innegehalten im Genuss ...

Wenn Sie sich laben an der Grünen Soße, an ihrer Verschiedenheit in den Kräutern und in deren typischer Umgebung: Genießen Sie, was Ihnen hier im Buch an Geschichte und Geschichten aufgetischt wird. Genießen Sie Frankfurt, den Genussort der Freude am Unterschied in den Gaben, die Länder und Sprachen uns schenken – typisch wie die Grüne Soße für unsere Stadt.

Bruder Paulus
Kapuzinerkloster Liebfrauen, Frankfurt

Frankfurter Schöpfungsgeschichte

nach Anton Le Goff

Gott schuf am Anfang Himmel und Erde und den Borretsch. Am zweiten Tag war er gut in Form und hatte wenig sonst zu tun und schuf auch noch Kerbel, Gartenkresse, Petersilie, Pimpinelle, Sauerampfer und Schnittlauch. Und er sah, dass es VERDAMMT gut war. Doch plötzlich erschienen sieben Samurai und begingen sieben Todsünden: sie rupften die Kräuter aus.

Gott was not amused und sprach donnernd zu ihnen: „Über sieben Brücken müsst ihr gehen!" Das haben die sieben Samurai auch gemacht, und auf der anderen Seite begegneten sie den sieben Zwergen – leider ohne Schneewittchen, stattdessen mit einem Oberräder im Schlepptau. Die sieben Zwerge erzählten den sieben Samurai irgendwas von Diamantenminen, und frohlockend zogen die Samurai mit ihnen ab; nur der Oberräder blieb etwas benommen am Wegesrand zurück und sammelte die sieben Kräuter auf, die die sieben Samurai in den Staub geworfen hatten. Und siehe: er hatte als Einziger den wahren Schatz gefunden, die glorreiche Grüne Soße!

So stelle ich mir die wahre Schöpfungsgeschichte der Grünen Soße vor.

Natürlich hat das die Leute nicht daran gehindert, irgendwelche Legenden zu erfinden, und zu behaupten, sie seien die Wahrheit. Manche sagen, die Grie Soß sei römischen Ursprungs und als „salsa verde" von den Brüdern Bolongaro 1735 nach Frankfurt gebracht worden. Die Herren Bolongaro stammten vom Lago Maggiore und bemühten sich als italienische Katholiken vergeblich bei den Frankfurter Protestanten um's Bürgerrecht, obwohl sie den Stadthonoratioren dienten, indem sie in Frankfurt Europas größte Schnupftabakmanufaktur errichteten – was schon als Wort eine beeindruckende Leistung darstellt! Leicht verschnupft, wichen sie zum Palastbauen nach Höchst aus. Seitdem kann man dort possierliche steinerne Löwen und barbrüstige Hoffräuleins als Sphinxe bestaunen. Außerdem waren die Bolongaros noch im Bankgeschäft zugange. Und im Gewürzhandel, was die Transferthese befördert hat. Aber liebe Leute: Kräuter sind doch keine Gewürze. Mit Gewürzen ließ sich früher ein Vermögen verdienen, Kräuter hingegen wuchsen in jedem Garten. Herbert Michel zitiert den saarländischen Botaniker Hieronymus Bock 1545 in seinem „New Kreutter Buch":

Im Park des Bolongaropalastes

„... kreutter sind der armen Leute wurtz / zu allerlei speiß ... bringen lust zum essen / dienen dem Magen / reitzen zu ehelichen wercken, ..."

Anderen Aussagen zufolge wurde die Grüne Soße nicht von italienischen Katholiken entdeckt, sondern von französischen Protestanten: die Hugenotten flohen Ende des 17. Jahrhunderts vor Ludwig dem XIV., dem Sonnenkönig, nach Frankfurt. Sie durften im heutigen Neu-Isenburg siedeln und hatten vielleicht eine „sauce verte" im Gepäck. Die gibt es nämlich im heutigen Frankreich ebenso wie die „salsa verde" in Italien, den „mojo verde" auf den Kanaren oder „hara masala" in Indien. All diese Soßen haben irgendetwas mit der Grie Soß zu tun und sind doch völlig anders. Ist die Grie Soß also katholisch, protestantisch oder gar hinduistisch? Ich tippe auf: Frankforderisch! Und glaube somit an die Frankfurter Schöpfungsgeschichte.

Anton Le Goffs Erweckungserlebnis

Im Vorschulalter wollte ich immer Fernsehkoch werden, so wie andere Pilot oder Chirurg. Jede Woche sah ich mir die Kochsendung von Max Inzinger an in der Drehscheibe, der vermutlich langweiligsten Sendung aller Zeiten. Er hatte immer „etwas vorbereitet“, was er aus dem Ofen zog, wie ein Zauberer das unzubereitete Kaninchen aus dem Hut. Faszinierend! Fernsehkoch: mein Traumberuf. Man hantiert gutgelaunt vor den Augen von Millionen Frauen mit irgendwelchen gefährlich aussehenden Gerätschaften, und nach 20 Minuten hat man ein sichtbares Ergebnis. Man schreibt Bücher, die alle lesen wollen. Verkriech' dich in deine Elfenbeinturm-Ecke, Peter Handke. Wie kannst du anstinken gegen ein Buch mit dem Titel: „Die Blutwurst oder wie man als Koch unter die Unsterblichen kommt“ von Max Inzinger. Das schaffst du nie! Inzingers Vorgänger, Fernsehkoch Ulrich Klever, nannte sein Kochbuch 1969, also ein Jahr nach der Studentenrevolte, „Eisbein, Eisbein über alles“. Eigentlich eine tolle Alternative für die glücklicherweise gecancelte erste Strophe der Nationalhymne: „Eisbein, Eisbein, über alles, über alles auf der Welt!“ Ganz gut, oder? Hat sich aber trotzdem nicht durchgesetzt. Außerdem umwehte die Fernsehköche immer ein Hauch von Tragik: Clemens Wilmenrod, der erste deutsche Fernsehkoch, hat sich erschossen. Max Inzinger schei-

Antons Vorbild: Der Fernsehkoch Max Inzinger in seiner Sendung „Die Drehscheibe“

Kochspielstunde im Kindergarten
(Kindergarten des Frauenbildungsvereins E. V., Frankfurt a. M.)

Schon Antons Großvater hat als kleiner Junge den Kochlöffel geschwungen

terte bei seinem Versuch, den maroden Eishockeyclub EV Rosenheim zu retten … Ich stelle mir vor, wie Max mit weißer Mütze auf dem Kopf, den Kochlöffel in der Hand über das dünne Eis lief und vergeblich versuchte, den EV Rosenheim zu retten: „Ich schaff es nicht, Männer!" Ja, das waren die Helden meiner Jugend. Damals fanden alle Jungs Fernsehköche saublöd, aber Leute, ICH war der Trendscout. Denn heute will kein cooler Junge mehr Arzt oder Anwalt oder Lehrer oder Banker werden, sondern: Fernsehkoch. Fragen Sie die Kids! In der Pause sagt einer zum andern: „Hey, ich bin jetzt im Kochkurs. Total cool, ey!"

Ja, ich war meiner Zeit voraus, und eigentlich bin ich nur aus einem Grund kein Fernsehkoch geworden: Ich kann nicht kochen. Tausend Sendungen … alle umsonst. Okay, Clemens Wilmenrod konnte auch nicht kochen und hat trotzdem das Größte erfunden, was die deutsche Küche hervorgebracht hat:

Toast Hawai! Aber heutzutage ist die Konkurrenz am Herd härter als in der Wirtschaft. Trotz dieser schwierigen Umstände habe ich vor einigen Jahren etwas entdeckt: der substantiellste Beitrag meiner Heimatstadt Frankfurt zum Weltkochkulturerbe ist ein Gericht, DAS MAN NICHT KOCHT – die Grie Soß. Für jemanden wie mich, der nicht kochen kann, ein ausgesprochen ermutigender Beitrag der Frankfurter Küche! Nicht zu verwechseln: Jenseits der Grünen Soße versteht man im Ausland unter der „berühmten Frankfurter Küche" meistens Einbauschränke aus den 20er Jahren.

Grie Soß gibt es in vielerlei Verkleidungen und Übersetzungen auf der ganzen Welt: als „salsa verde", „sauce verte" usw. Wobei natürlich die Frankfurter die leckerste aller denkbaren Grünen Soßen ist. Man kocht sie nicht, man „bereitet sie eher so zu". Allerdings musste ich irgendwann erkennen, dass Zubereiten auch eine Art von Kochen ist. Meine ersten Grüne Soße-Versuche wurden zunächst nicht als Grüne Soße erkannt. Irgendwer sagte immer: „Machst du wieder was mit Quark?"

Eines Tages aber hatte ich mein persönliches Erweckungserlebnis. Ich war wieder in der Küche zugange und kämpfte mit den Kräutern, da hörte ich plötzlich eine tiefe Stimme aus einer Wolke vor dem Küchenfenster.

Sie sprach: „Anton! Machst du wieder was mit Quark?" Natürlich gab ich keine Antwort, denn diesen blöden Satz kannte ich ja schon. Die Stimme schwieg und hub dann wieder an: „Anton, hör mir zu!" Ich betrachtete die Wolke und sagte: „Klar. Ich nehme an, ich habe zu viel Aperitif getrunken."

„Unsinn. Ich weiß, du bist auf der Suche nach der perfekten Grünen Soße, und ich sehe dein Bemühen mit Wohlgefallen. Allein, nicht jedem Menschen ist alles gegeben."

„Das ist ja gerade die Ungerechtigkeit!"

„Unterbrich mich nicht dauernd! Denke vielmehr daran, wie viele tausend Menschen in diesem Moment gerade das Gleiche versuchen wie du … darunter sind auch einige Dutzend Frankfurter. Wäre es nicht interessant, sie kennenzulernen und ihre Soßen zu kosten?"

„Du meinst, ich soll die alle zu mir einladen?“

„Nicht alle. Immer nur sieben. An sieben Tagen die Woche. So lange, bis du die Beste gefunden hast. Gehe hin und wandle.“

Die Wolke zog weiter. Ich telefonierte kurz mit dem Offenbacher Institut für Wetterforschung, ob in Frankfurt gerade sprechende Wolken unterwegs seien. Die Antwort war so, wie man sie von weltlichen Offenbachern erwarten darf. Und ich beschloss, ein Festival zu veranstalten. Ich begann erst einmal mit zwei Tagen, sozusagen als Versuchsballon. Wer lässt sich schon gern von einer Wolke vorschreiben, was er zu tun hat?! Und seitdem kosten ich und hunderte Andere jedes Jahr die besten Grünen Soßen Frankfurts. Und, mal ehrlich, es sind die besten Grünen Soßen der Welt.

Anton Le Goff: Soß oder nicht Soß, das ist hier keine Frage

Die Mission: Das Grüne Soße Festival

Wie alle großen Ideen hat das Grüne Soße Festival klein angefangen. Gut, nicht in einer Garage, sondern im Saal des alternativen Kulturbetriebs „Brotfabrik“. Aber erzählen wir die Geschichte der Reihe nach.

Ganz am Anfang gab es im Literaturhaus in Frankfurt einen „Grüne-Soße-Gipfel“. Zwölf Köche traten dort 1997 gegeneinander an, eine siebenköpfige ausländische Fach-Jury verkostete und krönte anschließend die beste Grie Soß – seltsamerweise mit einem „Goldenen Handkäs’ mit Musik“. Wie das Wort „Gipfel“ schon vermittelt, war das Ganze eher eine Sache für die hiesige Prominenz. Die Gästeliste prunkte mit Namen wie Marcel Reich-Ranicki, Eva Demski, Joachim Unseld, Esther Schweins, Harald Schmidt und viel grüner Politik. Die FAZ bemerkte hierzu ein wenig sauertöpfisch, dort *„feierten gealterte Weltverbesserer, in die Breite gegangene Barrikadenkämpfer und Möchtegern-Avantgardisten vorwiegend aus der Werbe- und Medienbranche ihren guten Geschmack.“* Nun ja ... aber die Soßen waren köstlich, und ich tanzte den ganzen Abend mit Hannelore Elsner. Und so fragte ich mich nach meinem Erweckungserlebnis: Warum schafft man nicht etwas in dieser Art für den gemeinen Frankfurter und die gemeine Frankfurterin? Und warum lässt man im Sinne der Paulskirchentradition nicht anstelle einer Jury das Frankfurter Volk die beste Grie Soß wählen? Ich ging mit dieser Idee zum heiligen Franziskus des Literaturhauses, Franz Zlunka, und er half uns, Gastronomen zu finden, die sich an diesem ungewöhnlichen Wettbewerb beteiligen wollten – obwohl er selbst dadurch als Gastronom nicht an dem Festival teilnehmen konnte. So öffnete sich der Vorhang für das erste Grüne Soße Festival an zwei Tagen in der Brotfabrik. Der Ritus war schon der gleiche wie heute: Pro Tag traten sieben Gastronomen im Kampf um die sieben Kräuter gegeneinander an. Schneiden, hacken, rupfen, ausdrücken, häckseln, Joghurt oder Majo – alles war und ist erlaubt. Das Publikum verkostet jede Soße aus einem kleinen Gläschen, das nur mit einer Nummer versehen ist, und wählt per Stimmzettel den Favoriten. Zu den sieben Soßen gibt es natürlich Eier und Kartoffeln und Apfel- oder Traubenwein.

Hinein mit der Soße in die Probiergläser

Beim ersten Festival füllten die Köche ihre Gläschen noch selbst ab, so dass sie wussten, welche Nummer die ihre ist. Es galt jedoch zu verhindern, dass die Kunde davon in den Saal dringt. Also verdonnerten wir die Köche, nachdem sie sich auf der Bühne vorgestellt hatten, zur strengen Klausur, bis die Abstimmung vorbei war. Ihre Handys wurden eingesammelt, und selbst der Toilettengang fand unter Aufsicht statt. Nicht selten überkam einen der Köche dann das plötzliche Verlangen, „nur kurz für morgen telefonisch eine Gemüsebestellung aufzugeben“, so dass wir den Bruder an sein Gelübde erinnern mussten.

Der Tisch ist gedeckt – Brotfabrik 2009

Um den kunstvollen Rahmen rund um die Kochkultur zu vollenden, begleiteten uns schon beim ersten Festival Gastkünstler aller Genres. Gemeinsam wurde gesungen und musiziert, was Stimme, Klavier, Cello und E-Gitarre hergaben.

Den zwei Festivaltagen in der Brotfabrik gingen endlose Tage am Telefon voraus, an denen wir die frohe Botschaft der Grünen Soße den noch Ungläubigen verkündeten. Am Ende war das erste Festival so erfolgreich, dass wir beschlossen: das Festival wird im nächsten Jahr sechs Tage dauern und im Finale am siebten Tag wird aus den Soßen der Tagessieger Frankfurts Kräuterkönig gekürt. Selbst der Heilige Franz schüttelte sein Haupt und sagte: „Das schafft ihr nie!"– und half uns dann zusammen mit dem heiligen Harry (Harry H. Hochheimer, Wein- und Gastronomieberater), 42 Köche zu finden. Und es gelang. Für das bevorstehende Finale wählten wir einen ungewöhnlichen, aber passenden Ort: Frankfurts Bauch, das Frischezentrum in Frankfurt-Kalbach, Nachfolger der legendären Großmarkthalle. Wieder sagten manche: „Da fährt doch keiner hin! Außerdem: null Atmosphäre!“ Doch die nüchterne Markthalle verwandelte sich wie durch ein Wunder in ein Theater. Unsere Brüder und Schwestern bauten eine Bühne in die Halle, hängten die Wände bis zum Boden mit theatralischem Molton ab, und die realen Marktstände bildeten eine eindrucksvolle Kulisse. Die Halle wurde auf Theatertemperatur gebracht – nun ja, sagen wir auf die Temperatur einer Spielstätte in Norwegen. Dort, wo tagsüber Obst und Gemüsekisten verschoben werden, erklangen nun die Cellotöne von Frank Wolff, und die Stimmen der Mainsirenen durchschwebten den Raum zu Ehren des gewählten Frankfurter Kräuterkönigs, zum Lob der Grie Soß und zur Freude ihrer 560 Verkoster. Im dritten Jahr stießen wir – inzwischen anerkannte Missionare der Grie Soß – mit dem Festival in das schlagende Herz Frankfurts vor, auf den Roßmarkt. Der siebentägige Wettstreit bekam noch einen achten Tag als Finale. Auch füllen seither Hilfsbrüder und -schwestern die Grie Soß in Gläschen ab, so dass die Klausur der Köche etwas gelockert werden konnte. Dafür beaufsichtigt jeden Abend ein am Landgericht bestellter Notar den Wettbewerb und prüft, ob auch alles mit rechten Dingen zugeht. Wahrscheinlich wird da mancher Kollege neidisch: Wer kann sich schon rühmen, Grie Soß notariell beglaubigt zu haben?

Der berühmte Festival-Löffel

Der allabendliche Wettstreit der nunmehr 49 Köche dehnte sich immer weiter aus. Seit dem Umzug in die Stadt herrscht dort tagsüber echtes Markttreiben: Flammkuchen mit Grie Soß, Hessens beste Fleischwurst, Grüne Soße-Suppe, Crêpes, Handkäs', Grie Soß-Burger und Bratwurst, ein Mittagstisch, die Weine und Apfelweine des Festivals – all das bekommt man während der Festivalwoche auf dem Roßmarkt (nur damit keiner auf die Idee kommt, wir als Missionare der Grie Soß müssten bis zum Abend darben). Für die Jüngeren entstand der Nachwuchswettbewerb „Grüne Soße Festival macht Schule". Wer hätte sich das vor ein paar Jahren vorstellen können, dass mittlerweile jedes Frühjahr über 1.000 Kinder in ihren Klassenzimmern Grüne Soße hacken!

Jetzt feiert das Grüne Soße Festival bereits sein verflixtes 7-jähriges Jubiläum – und jeden Abend versammeln sich unverdrossen die Adepten der Grie Soß im Zelt am Roßmarkt, wenn es wieder heißt: Grüne Soßen der Welt, schaut auf diese Stadt! Denn hier in Frankfurt entscheidet sich, welches die leckerste Grie Soß aller Herren und Länder ist! Mission erfüllt.

Die Qual der Wahl

Die Heilige Sieben

Wie vielerorts beschrieben, wurde die Grie Soß in früheren finsteren Tagen auch schon mit neun Kräutern zubereitet. Es dauerte eine Weile, bis sich aus den unterschiedlichen Varianten schließlich die klassische Grie Soß herauskristallisierte: sie enthält sieben Kräuter. Warum gerade sieben? Sieben ist im Guten wie im Bösen eine heilige Zahl. Schlagen wir die Bibel auf, so begegnen wir der Zahl auf fast jeder Seite. Den sieben Säulen der Weisheit huldigen die Sprüche Salomons. Das Haupt des gewaltigen Samson hatte sieben Locken, und sieben Tage dauerte seine Hochzeit – die bekanntermaßen trotzdem kein besonderer Erfolg wurde, denn er verliebte sich in die schöne Delila, die ihm die Locken abschnitt, und aus war's mit seiner Kraft.

Delila schneidet Samsons Locken ab

Sieben Tage wartete Noah jedes Mal, bevor er aus dem einzigen Fenster der Arche eine Taube fliegen ließ, damit sie nach Land suchte. Ein vom Tode Erweckter niest siebenmal, was meiner Ansicht nach auf eine allergische Reaktion gegenüber dem Totsein schließen lässt und durchaus nachvollziehbar ist.

Sieben letzte Worte sprach Jesus am Kreuz, sieben Freuden und sieben Schmerzen erlebte Maria, und am letzten Tag wird nach der Johannesapokalypse das „Buch mit sieben Siegeln" geöffnet werden. Und DANN geht's mit der Sieben erst so richtig los: Sieben Posaunen erschallen, sieben Engel fliegen durch die Gegend, sieben Schalen voller Unheil werden ausgegossen, sieben Plagen kommen über die Welt ... Selbst dem siebenköpfigen Tier, das dann gemäß der Apokalypse erscheinen soll, dürften am Tag der Apokalypse ganz schön die Köpfe schwirren bei dem ganzen Trubel. Der Siebener-Fan hingegen befindet sich dann im siebten Himmel, in den nach dem Glauben der Muslime ebenfalls der Prophet Mohammed eingegangen ist. Schon die Babylonier kannten sieben Himmel, und die Inder verehren sieben heilige Kühe in den höchsten Himmelsgefilden. Ob sie dort wohl Borretsch, Pimpinelle, Petersilie, Kerbel, Kresse, Schnittlauch und Sauerampfer grasen?

Das Leben der Mönche prägen sieben Gebetszeiten: Matutin und Laudes, Prim, Sext, Non, Vesper und – um es komplett zu machen – die Komplet.

Die Verehrung für die Sieben, aber auch die Furcht vor dieser magischen Zahl, rührt wohl von den sieben sichtbaren Wanderplaneten her. Gleichzeitig haben Wissenschaftler herausgefunden, dass sie so etwas wie ein allgemeines Ordnungssystem darstellt. Alle sieben Jahre erneuern sich die Zellen, und

Das Ausgießen der sieben Zornesschalen

es gibt sieben physikalische Basiseinheiten. Außerdem haben Gedächtnisexperimente gezeigt, dass sich der Mensch, auch wenn er sie nur kurz sieht, im Schnitt sieben Ziffern merken kann. Eine höhere Ziffernanzahl schaffen nur Mathematikprofessoren, Servierkräfte am Wäldchestag oder Autisten. Das gleiche gilt wohl auch für den Kräutereinkauf auf dem Wochenmarkt, obwohl diesbezüglich noch keine wissenschaftliche Feldforschung betrieben wurde. Sieben Kräuter schaffe ich gerade noch ohne Einkaufszettel. Außerdem gibt es ja die beliebten weißen Packungen, in denen sie alle schon drin sind. Die „Sieben“ wurde schon auf der siebensaitigen Lyra der antiken Sänger besungen, aber auch die heutigen Popgrößen preisen die Zahl: Das reicht von Karats „Über sieben Brücken musst du gehen“, bis zu „Sieben“ von den Toten Hosen, in dem der hartgesottene Deutschpunker Campino gesteht: „Doch die 7 ist für mich alles und nichts kommt an sie heran. Ja, die 7 ist einfach alles, es ist die Zauber- und Märchenzahl.“

Albrecht Dürer: Die Hure Babylon reitet auf dem siebenköpfigen Tier (Offenbarung, 1498)

Wer also unter Euch, Brüder und Schwestern im Geist der Grie Soß, keine „Böse Sieben“ sein will, erweise, der heiligen Zahl die Ehre mit den Worten August von Platens:

„Der sich schaffend hat erwiesen siebenmal, wohnt in sieben Paradiesen siebenmal.“

Tisch
16

Grüne

Die Schutzheiligen der Grie Soß

Eine Reihe von bekannten Künstlern, Comedians und Entertainern begleitet das Grüne Soße Festival seit Jahren. Zusammen mit den Gastronomen bringen sie den Saal zum Kochen und überbieten sich mit Musik, Kabarett, Gesang oder Travestie. Sie sind die wahren Schutzheiligen der Grie Soß und stellen in diesem Buch „IHR" Kraut vor.

Jo van Nelsen – Schutzheiliger des Sauerampfers

Die Grie Soß, des weiß jeder Christ,
Von der Frau Rath erfunne ist.
E himmlisch Tunk, e göttlisch Met,
Des anem Hörn und Sehn vergeht!

Es war an nem Gründonnerstag,
Da sprach der gute alte Rath:
„Hör, Weibi, heut will isch was Feins,
Was Frisches, Griens, mach mir so eins!"

Frau Aja schüttelte den Kopp
Und rief die Köchin, die Frau Schopp.
Die hatte Ochsefleisch geplant
Mit Meerrettisch, ganz leischt gesahnt.

„Frau Schopp, es dut mir herzlisch leid,
Es ist ja bald schon Mittagszeit!
Geht schnell zum Markt und kauft mir ein
Die sieben Kräuter, des wär fein!"

Gesagt-getan. Die Schopp kehrt heim,
Frau Aja hackt des Grienzeusch klein.
Gibt noch e bissi Schmand dazu –
Doch ebbes fehlt, sie find ka Ruh.

Da kommt de klaane Wolfgang bei
Und fräscht, was dess für e Sößje sei.
„Des is was Feins, du werst scho seh,
Is Borresch drin un Kerbel schee,

Petersilie, Schnittlauch, Kresse,
Pimpinelle net vergesse
Und Sauerampfer …" – „Iiiiiieeeh!"
Wie da de klaane Wolfgang schrie!

„Den Sauerampfer mag isch nisch,
Der is mir viel zu säuerlisch!
Es irrt de Mensch, solang er strebt,
Mal schaue, wie mer des behebt …"

Frau Aja schiebt de Bub beiseit,
Hält Essig, Öl, auch Ei bereit,
Vermengt des Ganze mittenand –
Doch Ebbes fehlt, 's ist allerhand!

De klaane Goethe hat gewitzt
Derweil die Zuckerdos stibitzt.
Und hinter seiner Mutter Rücke
Streut er e Pris enei mit Tücke.

Frau Aja sieht des Kristalline,
Johann Wolfgang, der muss griene.
Grad will se ihm e Schell verbasse,
Da flücht' des Bübsche uff die Gasse.

Doch als Frau Aja kost' erneut,
Ist sie begeistert, hocherfreut:
„So isses rischdisch, ei de Daus,
Der Bub, der hat die Sache raus!"

Sieben Kräuter sind uns heilisch,
Zu Frankfurts Ruhme höchst gedeihlisch!
Hoch sei gelobt der Ampfer, sauer,
Der dies bewirkt! – Nun seid Ihr schlauer!

Jo van Nelsen

Er ist seit Jahren der Tausendsassa Frankfurts und immer wieder gern gesehener Gast des Grüne Soße Festivals: Jo van Nelsen, Chansonier, Conferencier des Tigerpalastes, Kabarettist, Regisseur und vieles mehr. Zusammen mit seinem Pianisten Thorsten Larbig hat er auch schon mal ein ganzes Programm über Grünes gemacht und dabei Erstaunliches zu Tage gefördert: Efeuumranktes, knospendes und Moosverwittertes, aber auch jungfräulich Grünes aus eigener Feder, so eine entschiedene Warnung vor „Pforzheimer Erbsensuppe". Bei Grie Soß hingegen sind natürlich sämtliche Warnungen überflüssig, wie seine Huldigung an den Sauerampfer belegt.

Matthias Keller – Schutzheiliger der Petersilie

Zum Hochzeitstag da schenk ich dir
Statt vieler großer Worte
Zwei Töpfchen Petersilienkraut –
Einen von jeder Sorte.

Glaub bitte nicht, ich wäre
Andren Blumen abgeneigt
Doch hat die Petersilie
Mich am meisten überzeugt.

Ihre Botschaft ist ganz schlicht:
Das Leben ist Kontrast.
Doch voller Hoffnung, einfach grün.
Ich finde, dass das passt.

Und mal ganz nebenbei bemerkt:
Es hat auch großen Nutzen.
Man kann schließlich nicht jeden Strauß
Zerhäckseln und verputzen.

Wohlan, mein Schatz: ich liebe dich.
Hier, diese Kräuter sind für dich.
Mögen sie uns stets begleiten
In glatten wie in krausen Zeiten.

Matthias Keller

Während U-Bahnkontrolleure im Allgemeinen nicht sehr beliebt sind, lieben Frankfurt und das Grüne Soße Festival die U-Bahnkontrollöre in tiefgefrorenen Frauenkleidern. Logisch, denn normale Kontrolleure singen ja auch eher selten Nonsensverse a-capella ... Doch Matthias Keller war und ist nicht nur mit Leib und Seele Kontrollör, sondern tourt als Ein-Mann-Big-Band mit LOOPINSLAND oder mimt als Sprecher schwule Roboter, verzweifelte Väter und den Teufel persönlich. Wer also gäbe einen besseren Schutzheiligen für die Petersilie ab?

Mathias Münch – Schutzheiliger des Schnittlauchs

Man nennt dich Allium schoenoprasum,
Beeslook oder Brislauch.

In Ostfriesland heißt du Graslook,
in Leipzig Jakobslauch,
Piplook in der Altmark,
Schnedlach in St. Gallen,
der Augsburger sagt Schniedling,
das hat mir gut gefallen.

Bergzwiebel, Snitlook, Schnirrleng
sind Namen noch für dich,
ebenso wie Jakobszwiebel
oder Grusenich.

50 grüne Zentimeter
sind der guten Pflege Lohn,
das gilt verlässlich jetzt und später
für die ungeschnittene Version.

Ach Schnittlauch, lieber Schnittlauch
dich wollen wir gern verspeisen,
doch sollen wir vorher auch einmal
dein holdes Wesen preisen!

Denn ohne dich wär‘s fürchterlich,
was machten wir da wohl.
’S ist ja keiner grad wie du,
so lang, so grün, so hohl!

Mathias Münch

Ohne ihn würde das Land vielleicht heute noch im Dämmerschlaf liegen: Mathias Münch ließ jahrelang morgens den Wecker und die Ohren klingeln als Moderator des HR3-Klassikers „Pop & Weck“. Aufgeweckt wie er ist, macht er sich nun auch als Bühnen-Comedian Gedanken über „Supermänner aus Bodenhaltung“ und „Begabte Söhne mit doofen Namen“. Oder wie hier über das begabte Kraut Schnittlauch, das überall anders heißt. Ein echter „Frankfurter Bub“ eben!

Bodo Bach – Schutzheiliger der Kresse

Ei gude wie, isch bin de Bach,
de Bodo, un en Mann vom Fach.
Misch hat de liewe Gott betraut
mit Fürsorsch fer des Kressekraut.
Ohne die geht nix in Hesse,
schon gaanet beim Grie-Soße-Esse.
Isch waaß genau, von was isch redd,
Isch kenn die Kress von A bis Z.

Isch hab dehaam zisch Blummetöpp,
aus dene gugge Kresseköpp.
Falls Sie mit Kresse net vertraut,
es gibt vier Arde von dem Kraut:
Brunne-, Bach un Gartekresse,
aach Rucola, net zu vergesse.
Wischdisch is fers Hesseland:
die Bachkress is nach mir benannt.

Sie is en eschdes Unikat
von mir gezüscht nach Goddes Rat.
Was die all hat an Viddamine,
des hääscht aan um, des saach isch Ihne.
B1, B6 un ganz viel C,
da is gleisch Schluss mit Ihrm Wehweh.

Was mer mit Bachkress gleisch vertreibt,
des is die Friejahrsmiedichkeit.
Sie kann aach einisches noch rette
in Ihne Ihre Ehebette.
Is eim des Viagra viel zu deuer
un chemisch net so ganz geheuer,
dann kann mer flanzlisch ebbes mache.
Da wird so mansches neu erwache.

Des verschbrischt Ihne en Mann vom Fach,

Ihrn Kresseschutzheilische
Bodo Bach

Bodo Bach

Der hessische Dampfplauderer ist auf der Überholspur – und das nicht nur, um noch rechtzeitig zum Soßentesten beim Festival zu sein, sondern um als spaßbetriebener Bewegungsmelder den Mobilitätstrend unserer Zeit festzuhalten. Und so ist der Kulthesse ganz mobil im Land unterwegs: CD's, Fernsehshows und erfolgreiche Comedyprogramme gehören inzwischen ebenso fest zum Repertoire des Mannes mit der Batschkapp wie Auftritte auf dem Grüne Soße Festival, denn: „Energiedrinks verleihe Flüschel – Grie Soß aber macht mich schwindelisch vor Glück!"

Roy Hammer – Schutzheiliger des Borretschs

Oh Borretsch

Borretsch – du bist mein bester Freund
Borretsch – Ich hab von dir geträumt
Borretsch – du gehörst zu mir
Borretsch – du bist der Kräuterkavalier

Wenn mir irgendeiner
den Tag versaut
denk ich an dich,
du grünes Gurkenkraut.

Ich will keine Schokolade
und auch keinen Flan
denn an die Grüne Soße
kommt eher Borretsch dran.

Borretsch – hab die Küche für dich ausgeräumt
Borretsch – ich hab von dir geträumt
Borretsch – du, hey, gehörst zu mir
Borretsch – selbst noch an der Himmelstür

Denn deine Stengel
sind wie Engel,
doch sehr stark behaart
bringst mich zum Schwitzen
wie fünfzig Liegestützen
Das ist so deine Art.

Oh Boy,
Oh Borretsch,

du stehst einfach so
in der Vorratskammer
doch Grie Soß ohne dich
wäre ein Jammer
denn Borretsch,

oh Borretsch

du bist der Hammer!

Roy Hammer

Auf dem Festival ist nicht nur die Grie Soß der Hammer, sondern auch er: ROY. Er singt Schlager und Neue Deutsche Welle, und zwar O-Ton Roy: „mitten ins Gesicht". Wo Roy Hammer singt, tobt der Saal und wächst kein Gras mehr – aber die Kräuter wie Blütenträume in den Himmel. Mit von der Partie ist Pralinée „Trude Blume" und an der Gitarre „Billy Lasagno". Ob Pralinées und Lasagne eigentlich in Grüne Soße gehören? Egal, denn Trude singt, was wir alle wissen: „Er gehört zu mir, wie mein Name an der Tür".

Sabine Fischmann & Ali Neander – Schutzheilige des Kerbels

Meine Oma, die rüstige Bärbel,
die hat ein Körbchen mit Kerbel.
Sie sagte: bevor ich's verscherbel,
bekommst du das Körbchen als Erbel.

Im Falle, dass ich einmal sterbel!

Doch lebt sie, die rüstige Bärbel,
so eisern, wie einst Charly Körbel.
Ich fragte sie, wann sie denn sterbel -
ich freute mich so auf mein Erbel.

Das fand sie dann doch ziemlich derbel!

Sie sagte zu mir: „Du bist terr(i)ble
und zwischenmenschlich echt herbel!"
So kommt es, dass ich nie erwerbel,
mein Erbel von Bärbel, den Kerbel.

Drum steigt, gleich einer Hyperbel,
mein stetes Verlangen nach Kerbel!

Sabine Fischmann & Ali Neander

„Grüne Soße ist das Gelbe vom Ei", behaupten Sabine Fischmann und Ali Neander. Die beiden kennen sich da aus, denn nicht nur auf dem Grüne Soße Festival besingen und zerlegen sie lyrisch lustvoll und saulustig Nahrhaftes. Mit ihrem Programm „Pappsatt" haben sie ein „20 Gänge Menü für zwei Stimmen, Gitarre, Klavier und Beilagen" angerichtet. Sabine Fischmann ist Frankfurts and everybodys darling, denn „sie kann alles, außer langweilen" wie die Frankfurter Rundschau einmal erstaunt feststellte. Nämlich singen, in die Tasten hauen, toll texten, komisch sein, tragisch sein. Und sich bei all dem die Seele aus dem Leib spielen. Ali Neander hat sich mit den Rodgau Monotones für immer und ewig ins spröde Herz der Hessen geschrieben. Abseits der Band ist er nicht nur mit Sabine Fischmann, sondern auch in Sachen Nu-Jazz-Rock unterwegs.

Bäppi La Belle – Schutzheiliger der Pimpinelle

Da steh ich uff de Bühn im rosa Rock
unn mach mei Show, de Rosa Bock.
Ich mach des schonn seit zwanzisch Jahr
in Nordends Theatrallalla.

Mal sing ich gut, mal sing ich schlecht,
ich machs aach oft net jedem recht.
Denn manschesmal nach meine Witze
duhn manche Leut schonn ganz schee schwitze.

So war es aach bei dieser Schau,
ich waaß es aach noch ganz genau,
es war e Priviu wie mer sescht,
en Test fer die Leut obs gut, ob schlecht.

Es ging um Grie Soß, des kann mer sich denke.
Ich babbel los bis verdunste die Getränke.
Die Leut sin ganz happy, wenn ich erklär,
wie mer Grie Soß mescht ... na ja so ungefähr.

Doch hat ich an dem lustische Abend
e Fraa uff de Bühn, die war überragend.
Die hat sich uffm Stuhl fast umgebracht
vor Lache, weil ich dumme Witzjer gemacht.

Ich nemm des Mädche hoch uff mei Bühn
und dacht net, was mir gleich werd blühn.
Im Scheinwerferlicht hat die sich entpuppt
zur Katja Riemann – zickisch korrupt.

Ich frag „Kannste koche?“, sie zickt mich gleich an,
„Unn ob ich des kann, ei frach doch mein Mann.“,
Ich fraach „Kann mer den esse, den Brambes von dir?“,
Ich dacht, die erschießt mich mit Blicke von ihr.

Dann hab ich gefracht, ob se Grie Soß mache kann.
„Nadürlich!“ seschd se „Warum fraachste mich dann?!“,
Sie mescht se frisch fast jedes Jahr.
Ich dacht mer's ... Karfreidaach halleluja.

Dann fraach ich des Mädche fast wie beim Gewinn,
was fer Kräuder so in der Soß drin sinn.
Sie fängt aa zu babbele, es kimmt nur heraus
Pedersillje unn Schnittlauch – dann war es schonn aus.

Ich hab iwwerleescht, wie krisch ich se jetzt
von de Bühn enunner, dass se sich setzt.
Sie kann ja net in Schönheit sterbend versinke.
Des duud ja aach nach aaner Woch stinke.

Ich wollt ihr helfe uff die Eselsbrück
un wollt auf Pimpinelle se hebe, des guude Stück.
Ich dacht mir am beste krischt ses mit,
greif ich mir mal schnell unne in de Schritt.

Ich greif in mei Sehnsucht, ich geb ihr en Tip,
dass des Kraut was mer suche mit Name ganz hip.
Das Pimpinelle des heißt, wo sonst ist en Schweif,
drum ich mer in de Schritt eneigreif.

Die guggt mich aa und sescht ganz famos
„Nadürlich des hat doch jed Fraa in de Hos."
Und sescht mit em ganz zaate Hauch,
„Bärlauch" ... Ihr glaabts net? Ich schwörs bei meim Bauch.

So isses gewese beim Rosa Bock.
De Bärlauch war für alle en Schock.
Der derf net enei, des wisse Sie, gelle?
Enei muss ... ganz richtisch ... die Pimpinelle!

Bäppi La Belle

Schon manches mal widmete die „Grande Dame der Travestieszene" (FNP) dem Festival und der Soße unsterbliche Verse: „Grüne Soße – Juheissassa! Die Bäppi findet's wunderbar. Und reagiert bei allen schroff, gibt's kei Soß bei Herr Le Goff." Bäppis Fummel und Gesten sitzen ebenso wie ihre Pointen und zu „kei Soß" wird es natürlich niemals kommen – dafür sorgen schon Herr Le Goff und alle Köche Hessens.

Kräuterklöster und die Grünkraft der Heiligen Hildegard

Fragen wir uns einmal, liebe Brüder und Schwestern im Geist der Grie Soß: Wer waren die Vorfahren der fleißigen Oberräder, die heute in ihren Gewächshäusern die Kräuter liebevoll heranwachsen lassen? Die Antwort kann nur lauten: die Mönche und Nonnen des frühen Mittelalters. Der heilige Benedikt hatte es ihnen zur Aufgabe gemacht, die Kranken zu heilen und zu pflegen. Das probate Mittel hierzu waren: Kräuter, die im Klostergarten angebaut wurden. Benedikt fand sogar Unterstützung duch Karl den Großen, der im 9. Jahrhundert den Klöstern vorschrieb, Kräutergärten anzulegen. Der ideale Plan eines Klosters, wie er in St. Gallen niedergelegt wurde, zeigt uns wie die Kräutergärten aussahen: Die Beete waren rechteckig, pro Beet wurde jeweils nur eine Kräutersorte angebaut – eigentlich genau wie heutzutage in Oberrad. Dadurch vermieden die

Kloster Eibingen im Rheingau, die zugehörige Abtei St. Hildegard wurde von der Heiligen Hildegard von Bingen gegründet

Mönche die Verwechslung eines eher harmlosen Krauts mit irgendeinem anderen Kraut, das den Brüdern in größeren Mengen auf den Magen schlagen konnte. Und diese Anlage hatte noch andere Vorteile: Wenn ein gelehrter Mönch um 1100 alle Hände voll zu tun hatte, den damaligen Kräuterbestseller „Macer" abzuschreiben, ein Lehrgedicht über 70 Kräuter, konnte er einen einfachen Botenjungen zum Ernten schicken. Statt ihm zu sagen: „Odulf, hol mir etwas Petroselinum crispum aus dem Garten", reichte die Angabe des Standorts: „Drittes Beet, zweite Reihe, links. Du weißt, was du zu tun hast!" Natürlich wurden die Kräuter damals häufiger für medizinische Zwecke eingesetzt als zur Verfeinerung des Essens, aber man darf spekulieren, dass so manches Kraut auch seinen Weg in den klösterlichen Kochtopf fand. Ihren Höhepunkt erklomm die Kräuterverwendung im Kloster mit einer legendären Person: Hildegard von Bingen. Hildegard war eine Art von Universalgenie. Sie gründete Klöster, predigte als erste Nonne, war Ärztin, Naturwissenschaftlerin, schrieb dem König und dem Papst Mahnbriefe, außerdem Bücher, Gedichte und eine Menge Musik. Zu allem Überfluss hatte sie mystische Visionen, die manch andere auf den Scheiterhaufen gebracht hätten. In ihren Büchern „Physica" und „Causae et curae" (Ursachen und Behandlungen) gibt sie zahlreiche Anweisungen, was zur Gesundheit beiträgt und wie Krankheiten behandelt werden können. Rund 200 Pflanzen und Kräuter stellt sie darin vor; bei einigen davon weiß man heute nicht mehr, um welche es sich dabei gehandelt hat. Bei vielen anderen sehr wohl, und deshalb kann man sich an einer

Mönche im Mittelalter beim Wiegen und Zerkleinern von Kräutern

Die Heilige Hildegard von Bingen als Glasmalereidarstellung

großen Anzahl von Speisen und Getränken laben, die nach Hildegards Rezepturen zubereitet werden. Darunter allein 33 verschiedene Kräuterweine. Ihren Kräuterweinen scheint Hildegard auch selbst stark zugesprochen zu haben. Zum „Klettentrank“ ist ihr Rat überliefert: *„Davon trinke nach dem Essen und später auch vor dem Essen.“* Den Königskerzenkräuterwein hat sie getrunken, *„wenn die Stimme und die Kehle einmal rauh und heiser sind“*, was bei einer Predigerin dieses Ausmaßes sicher häufiger der Fall war. Zum Pfirsichblättertrank empfiehlt sie: *„Davon trinke oft nach dem Essen und zur Nacht“* und zum Krauseminzentrank noch umfassender: *„Davon trinke morgens, abends und auch nachts.“* Na dann: Prost! Daneben gibt es im aktuellen Hildegard-Sortiment Hildegard-Brot, Hildegard-Suppenwürfel, jede Menge Kräutermischungen und den „Hildegard Vollkorndinkelkeks Galant“ – alles nach ihren Rezepturen. Wenn man sich an all dem überfressen hat, kann man direkt in eine Hildegard-Fastenkur einsteigen, die sich an ihren Diätvorschriften orientiert. Was es allerdings nicht gibt, ist, ich gebe es zu: ein Hildegard-Rezept für Grie Soß. Zwar tauchen z. B. Pimpinelle und Petersilie bei ihr auf, aber nur in Hinsicht auf ihre medizinische Wirkung. Dennoch hat sie sich um die Grie Soß verdient gemacht, denn sie hat die „Grünkraft" (Viriditas) als positives Prinzip allen Lebens entdeckt und in den schönsten Worten besungen:

„Es gibt eine Kraft aus der Ewigkeit und diese Kraft ist grün. Aus lichtem Grün sind Himmel und Erde geschaffen und alle Schönheit der Welt."

Nun würde man ja eigentlich denken, der Himmel ist blau, aber es handelt sich hier offensichtlich um ein Prinzip. Die Grünkraft kommt von Gott und findet sich in den Pflanzen, all dem, was wir essen, aber auch in heilenden Steinen oder in dem, was wir Gestressten heutzutage „Lebenseinstellung" nennen. Hat ein Mensch seine Grünkraft verloren, so wird er krank. Leidet jemand beispielsweise an überanstrengten Augen (Achtung, Bildschirmbenutzer!), so empfiehlt sie, hinauszugehen und einfach eine grüne Wiese zu suchen: *„Es soll der Mensch hinausgehen auf eine grüne Wiese und sie so lange anschauen, bis seine Augen wie vom Weinen nass werden: Das Grün dieser Wiese nämlich beseitigt das Trübe in den Augen und macht sie wieder sauber und klar."* Nun, man muss ja nicht gleich auf eine Wiese laufen, manchmal reicht es vielleicht einfach, die frischen Kräuter vor sich auf den Tisch zu legen und sie vor dem Zerkleinern eine Weile still zu betrachten.

Sind sie nicht wunderbar GRÜN? Und vielleicht drängen sich dann auch Ihnen die Verse der Heiligen Hildegard auf, den nach Grie Soß dürstenden Lippen:

„Oh edelstes Grün,
das wurzelt in der Sonne
und leuchtet in klarer Heiterkeit,
im Rund eines kreisenden Rades,
das die Herrlichkeit des Irdischen nicht fasst:
umarmt von der Herzkraft himmlischer Geheimnisse
rötest du wie das Morgenlicht
und flammst wie der Sonne Glut.
Du Grün
bist umschlossen mit Liebe."

(Responsorium I: Nobilissima viriditas 39 Item de virginibus)

Die Fleischwursthäretikerin Hilde aus Bornheim

Guten Tag alle zusammen, ich bin's, die „Hilde aus Bornheim".

Mir wurde zugetragen, dass ich was für des Buch hier schreiben soll, weil ich ja auch immer wieder beim Grüne Soße Festival dabei bin. Also, ich versuch' des jetzt mal und fang' einfach an zu schreiben, und dann werden wir ja sehen, was dabei rauskommt. Ich schreib' eigentlich nicht viel in meinem Alltag. Gut, ein Einkaufszettel oder eine Beileidskarte, das schon. Aber so eine längere Sache wie hier – eher nicht. Aber ich probier's.

So, ob ihr's glaubt oder nicht, ich bin seit dem ersten Grüne Soße Festival 2008 mit von der Partie. Wie aber unser Chef vom Festival, der Anton Le Goff, darauf gekommen ist, gerade mich, die „Hilde aus Bornheim" zum Festival einzuladen, des ist mir bis heut' noch ein Rätsel. Denn wenn ich des Ganze rein „ernährungstechnisch" betrachte, muss ich fairerweise sagen, hab' ich in dem Grüne Soße Zelt eigentlich gar nix verloren. Wer mich kennt, der weiß, dass ich mit Gemüse und Kräuter generell nix am Hut hab'. Wer mich kennt, der weiß, die „Hilde aus Bornheim" trägt ihren blauen Kittel und in dem Kittel hab' ich immer ein Stückche Fleischwurst. Mein Hauptnahrungsmittel.

Ohne mein Stückchen Fleischwurst bin ich sozusagen nur ein halber Mensch. Die Fleischwurst ist „kittelwarm" und schmeckt. Und fairerweise muss ich gestehen, so eine ganze Woche im Jahr, jeden Tag, also des müsst ihr Euch

jetzt einmal vorstellen, beim Grüne Soße Festival gibt es ja acht Tage lang jeden Abend sieben verschiedene Grüne Soßen zum Essen. Des heißt im Klartext, also, wenn ich jetzt richtig gerechnet habe (7 Soßen • 8 Tage), dann ess' ich in einer Woche: 57 Grüne Soßen! Das ist für mich, ehrlich gesacht, eher ungewöhnlich!

Und der Willi, mein Mann, der hat jetzt festgestellt, dass ich mich in dieser Festival-Woche verändere. Er sacht: „Hilde, du hast Munition" ... ähhhh, nein ich glaub' der meint, na wie heißt's noch mal, ich hab' extra im Fremdwörterbuch nachgeschlagen ... Mutation. Ja, Mutation, sacht er, des hätt' ich. Mutation, hab' ich jetzt gelesen, ist, wenn man sich irgendwie seiner Situation anpasst. Jetzt muss ich fairerweise sache: des stimmt. Der Willi hat recht, in der Grüne Soße Woche, also nach circa drei Tagen, des sind ja dann immerhin 21 Soßen, fang' ich an anders zu riechen. Wenn der fünfte Tag erreicht ist, bekommt mein sonst blondes Haar einen Grünstich. Da muss ich dem Willi jetzt wirklich einmal recht geben, ich hab' dann Mutation.

Aus der Erfahrung der letzten Jahre weiß ich aber, des ist alles kein Problem, die Mutation geht wieder weg, und ich seh' sehr schnell aus wie vorher! Des nehm' ich auch alles gern in Kauf, denn des Fest ist eine wahre Freude für mich.

Ich werde dann auch immer wieder angesproche und gefragt, wie ich es zu Hause, bei meiner Familie mit der Ernährung halte, denn Ernährung sei ja ein wichtiges und ein ernstes Thema! Und dann sach ich: „Gut, also zum Thema Ernährung will ich jetzt mal Folgendes sache:

Mir esse wenn's Zeit is'! Des is' morgens so gegen sieben. Mittags um eins. Und abends so gegen sechs.

Und dadenach gibt's aus der Küche nix mehr, ich will auch mal meine Ruhe haben. Da gibt's auch keine Extrawurst, es wird gegessen, was auf den Tisch kommt. Des ist mal ein Leberwurstbrot, Schwademagen, Presskopp, auch mal ein Haspel, des gibt Kraft! Und wisst ihr was? Des essen die wie nix! Und wer nicht will, Pech. Kriegt später eine Tüte Chips, dann brauchst du nicht einmal 'nen Teller! Meint Ihr, da mach' ich mich bockig?" Des sach' ich dann.

Meine Nachbarin, die Else, sacht immer: „Hilde, Gemüse, Gemüse, Gemüse!" Des wär' sooo wichtig! Karotten oder was? Sind meine Kinder Kanickel? Die wissen doch gar nicht, was des is'. Am Ende noch Zuschienie, oder Adwokado und so Förtz. Nee, nee, nee.

Meine Kinder sind da wählerisch, die essen was sie kennen, genau wie ihre Mutter.

Aber die Else lässt sich nicht davon abbringen und bringt mir jeden Tag ebbes vom Markt mit, was ich dann kochen soll. Ja, die klopft dann immer an meinem Küchenfenster. Obwohl ich jetzt seit vorgestern schon extra den Vorhang zumach'. Ab morgen mach' ich den Rollladen runter.

So, jetzt hat sie mir heute Folgendes mitgebracht: Ich bin mir nicht sicher, und ich hab' lang überlegt, aber ich glaub', des ist ein Brokoooli. Ha ... wie des schon aussieht! Und des kann man essen? Ich weiß gar nicht, was ich damit machen soll! Also, falls jemand schon mal einen Brokoooli gegessen hat und es hat demjenigen auch noch geschmeckt, dann kann er sich den gern bei mir abholen.

So jetzt hat's ja doch ganz gut geklappt mit dem Schreiben, gell?! Ich find' des is' mir richtig gut gelungen.

Tschöö, macht's gut!
Eure „Hilde aus Bornheim"

Die Apokryphen der Grie Soß

Einige der Teilnehmer des Grüne Soße Festivals gehörten nicht zum Kanon der hessischen Gastronomie. Wir wollten sie trotzdem dabei haben, denn Dogmatismus ist unfrankfurterisch. Sie wagten sich mit ihren Soßen unerschrocken in den Kreis der Spitzengastronomen und Äppelwoi-Wirte. Warum sie das getan haben und was sie mit Grüner Soße verbinden, lesen Sie in den folgenden Interviews.

Stadtrat Markus Frank
Interview mit dem Schirmherr des Festivals

Herr Frank, was bedeutet Ihrer Meinung nach die Grie Soß für Frankfurt?
Vor allem Identität.

Von wem haben Sie gelernt, wie man Grüne Soße zubereitet?
Von meiner Mama. Ich habe schon als Kind gerne Grüne Soße gegessen. Das verbinde ich auch immer mit Frühjahr und irgendwie auch mit Aufbruchsstimmung, Energie und Wohlfühlen. So manches Mal kam ich deprimiert aus der Schule, da hat mich das frische Traditionsgericht in der heimeligen Küche schnell aufgebaut. Ob es an den Vitaminen lag oder schlichtweg an der Tatsache, schulfrei zu haben, weiß ich nicht.

Wie kam es dazu, dass Sie als Schirmherr nicht nur das Festival eröffnen, sondern auch noch selbst als Bewerber um die beste Soße teilnehmen?
Dazu hat mich Anton Le Goff motiviert. Seine Begeisterung für das Festival hat Funken geschlagen, da wollte ich einfach mitmachen. Meine Bühnenreife als Künstler lässt zu wünschen übrig, da habe ich mich für das „Kochen" entschieden. Und habe ein tolles Team gefunden.

Warum kochen Sie immer in einer Gruppe?
Das hat zunächst einmal ganz pragmatische Gründe: die Menge würde ich niemals alleine schaffen. Und dann ist es doch einfach schön und gesellig, in Gemeinschaft zu kochen.

Kann man als Frankfurter CDU-Politiker Grie Soß essen, ohne ständig an den Koalitionspartner zu denken?
Na, zum Glück kann ich die Parteifarbe bei diesem Thema ausblenden; und die Vorstellung, andernfalls schwarze Soße zu essen, ist ja gruselig.

Was sagen die Kollegen zu Ihren Kochkünsten?
Ich muss mal nachfragen, ich glaube gar nicht, dass die mir das zutrauen. Die denken bestimmt, ich stelle mich nur dazu und lasse mein Team kochen.

Haben Sie einen Geheimtipp für die Zubereitung?
Ja, aber er muss geheim bleiben. Ich will ja auch mal gewinnen!

Wie erleben Sie das Festival?
Das Festival ist ein sensationeller Event. Ich freue mich wirklich sehr, dass es so gut in Frankfurt und in der Region angenommen wird. Und ich bin auch ein wenig stolz darauf, dass ich Starthilfe gegeben habe.

Stadtrat Markus Frank

Berufsbildungswerk Dr. Fritz Bauer, Ausbildungsstätte JVA Frankfurt am Main III (Frauenhaftanstalt)
Eindrücke aus Sicht der Auszubildenden, der Ausbilderinnen und Ausbilder und der Ausbildungsleitung

Wie kamt Ihr dazu, am Grüne Soße Festival teilzunehmen?
Wir wurden von den Veranstaltern des Grüne Soße Festivals gefragt, ob wir als „Außenseiter" teilnehmen möchten – so sind wir auf das Grüne Soße Festival aufmerksam geworden. Alle Ausbilderinnen und Ausbilder fanden sowohl das Konzept als auch die Idee gut, sich am Festival zu beteiligen. Zwei unserer Fachlehrer wurden als Paten für das Projekt auserkoren. Uns musste man nicht lange überreden, wir waren mit Eifer dabei und wollten die Chance nutzen, unsere tolle Ausbildung und unser Können der Öffentlichkeit zu präsentieren.

Wie sieht so ein Tag in der JVA-Kochschule aus?
Der Unterricht findet montags, dienstags, donnerstags und freitags jeweils in der Zeit von 07:45 Uhr bis 15:00 Uhr statt. Der Tag startet mit Theorieunterricht in Mathematik, Wirtschafts- und Sozialkunde, Serviceunterricht und Fachtheorie. Anschließend steht Praxisunterricht auf dem Programm, da heißt es kochen und backen lernen. Wir kochen jeden Tag für unseren eigenen Bedarf. Am Mittwoch ist Restaurant-Tag, da präsentieren wir unseren Gästen ein 4-Gänge-Menü. Wir können bis zu 40 Gäste bewirten. Zu unseren Gästen gehören die Anstaltsleitungen der Frankfurter Justizvollzugsanstalten, Mitarbeiterinnen und Mitarbeiter der verschiedenen Fachdienste der JVA aber auch Gäste der Anstalten. Auch Vertreter des Hessischen Ministeriums der Justiz kommen immer wieder gerne zum Lehrküchenessen.

Was haben die anderen in der JVA dazu gesagt, dass Ihr dabei seid?
Die fanden das toll und haben uns die Daumen gedrückt. Von den Bediensteten gab es für das Erreichen des Finales schon vorab Applaus und gute Wünsche.

In der JVA müssen natürlich besondere Sicherheitsvorkehrungen eingehalten werden – was galt für Euch Teilnehmer? Wie kam die Soße nach „draußen"?
Wir können selbst am Festival nur teilnehmen, wenn wir Vollzugslockerungen haben. Das heißt, nur wenn wir für eine vorgegebene Zeit den geschlossenen Vollzug verlassen dürfen oder aber im offenen Vollzug untergebracht sind, können wir das Grüne Soße Festival besuchen und die Festival-Atmosphäre genießen. Aber selbst dann müssen wir zu einer festen Zeit wieder in der JVA sein.

So haben wir zwei unserer Fachlehrer zu Paten erklärt, die uns in den Jahren 2009, 2010 und 2011 auf der Bühne vertreten haben. Was für ein Auftritt: Schade, dass nicht auch die Präsentation der Grünen Soße prämiert wurde; unsere Paten in ihren tollen Kostümen waren aus unserer Sicht die ungekrönten Gewinner …

Ihr seid mit Eurer Soße bis ins Finale gekommen – Was war drin in Eurer Grie Soß, was ist der Geheimtipp?
Natürlich haben wir nur die besten und frischesten Zutaten verwendet, ansonsten wären wir wohl nicht ins Finale gekommen. Dabei waren es die Grundzutaten jeder Grünen Soße, viele Kräuter, Eier, Senf, bestes Öl, Schmand, Joghurt, Sahne und natürlich noch ein paar Zutaten, die man nicht preisgibt … Ein weiteres Geheimnis ist wohl, dass alle Kräuter von Hand verlesen und gehackt wurden, dies gibt den milden feinen Geschmack. Und nicht zuletzt eine gehörige Portion Leidenschaft, die einfach dazugehört.

Gibt's im Knast auch ab und zu Grie Soß?
Klar gibt es auch hier in der Lehrküche ab und an die Grie Soß. Da wir großen Wert auf eine regionale wie international ausgerichtete Ausbildung legen, gehören auch die regionalen Spezialitäten auf unsere „To do"-Liste. Die Auszubildenden werden in allen Sparten der modernen und auch klassischen Speisenzubereitung unterrichtet.

Traditionell bietet auch die Zentralküche der JVA am Gründonnerstag Grie Soß mit Eiern an. Gerne wird die Grie Soß auch als Sonntagsessen zu gekochtem Rindfleisch gereicht … aber auch hier wird das Rezept nicht verraten …

Philipp Schrader (links) und Jörg Becker, Fachpraxisausbilder in der JVA-Lehrküche

Wie habt Ihr das Festival erlebt? Jetzt kommen die Paten zu Wort …

Die Auszubildenden können ja leider meistens bei dem Festival nicht selbst anwesend sein (Ausnahme 2011 das Finale: drei Frauen, die sich bereits im offenen Vollzug befanden, konnten gemeinsam mit ihren Lehrern als Zuschauerinnen teilnehmen), deshalb haben sie uns beauftragt, sie zu vertreten. Meinem Kollegen und mir hat es sehr großen Spaß gemacht, die mit Liebe und Schweiß hergestellte Grie Soß der Damen der JVA-Lehrküche zu präsentieren. Gerne haben wir dafür ein ausgefallenes Outfit gewählt, um dem besonderen Anlass und Ort noch mehr Gewicht zu verleihen. Und wenn dann beim Tagessieg und im Finale 2011 unter großem Jubel und Pfeifkonzert des anwesenden Publikums die Leistungen der Auszubildenden gewürdigt werden und die Presse von den „Siegerinnen der Herzen“ schreibt, sind wir alle sehr stolz …

CD- und Buchladen Zweitausendeins, Frankfurt
Interview mit Konny Künkel

Ihr betreibt in Frankfurt einen der letzten noch existierenden Zweitausendeins-Läden. Als ihr 2010 am Festival teilgenommen habt, war das da schon abzusehen? Denkt ihr mit Wehmut an die alte Zeit oder freut ihr Euch, weil ihr den Laden in Eigenregie weiterführen könnt?
Das konnte man damals höchstens erahnen. Wir hatten die Hoffnung, dass mit dem neuen Inhaber auch frischer Wind in die Läden kommt. Da hatte sich der Wetterbericht wohl geirrt. Die achtziger und neunziger Jahre waren der Hit. Das war so einzigartig, ich könnte ein Buch darüber schreiben. Vielleicht mache ich das noch. Wir sind stolz, mit diesem Gefühl weiterzumachen – übrigens dieses Jahr 40 Jahre als Laden in Frankfurt! Das feiern wir am 5. Juli 2014!

Wie kam es dazu, dass Ihr beim Festival mitgemacht habt?
Schon damals habe ich den Laden als meinen angesehen. Andreas Rupf vom „Gemalten Haus“ hat mich im Laden beim Fachsimpeln über die „Soß“ darauf gebracht und ermuntert, mitzumachen. Da dachte ich, dass wir als lokale Spezialität auch mal die beste lokale Spezialität auftischen könnten. Außerdem bin ich mit Grie Soß großgezogen worden – sieht man doch, oder?

2001 war und ist ein Symbol für alternative Lebensentwürfe. Gibt's eine „alternative Grie Soß"?
Ich hätte noch ein alternatives Rezept von meiner Mama, so hat die noch keiner gemacht. Schmeckt aber trotzdem lecker. Vielleicht trete ich damit noch einmal an. Ich hatte aber schon alternative Soßen, da konnte man eher Lachs oder alte Türen mit abbeizen. Ich bin gegen Firlefanz bei diesem Traditionsgericht.

Die Läden arbeiteten im Kollektiv: habt Ihr so auch die Grie Soß zubereitet?
Ich hatte die Unterstützung von einem Kollegen und zwei Freunden, die auch gerne kochen. Für eine normale Haushaltsküche gerät man trotzdem an seine Grenzen bei 25 Litern.*

Habt Ihr einen Geheimtipp für die Zubereitung?
Geerntet wird die Kräuterpracht
in einer klaren Vollmondnacht.
Ein paar Blättchen Pimpinelle,
etwas Kerbel auf die Schnelle,
Petersilie, Schnittlauch, Kresse,
denk an Goethe, nicht an Hesse,
Borretsch, Sauerampfer – und
frisch gehackt zur Geisterstund'.
Zum Schluss ein fein gehacktes Ei
Der Rest ist reine Zauberei.

Wie war das Festival für Euch?
Zauberhaft!

* 2010 mussten Teilnehmer „nur" 25 Liter Grüne Soße zubereiten – heute sind es aufgrund der höheren Besucherzahlen 50 Liter!

Best Worscht in Town
Interview mit dem Inhaber Lars Obendorfer

Wie kam es dazu, dass Ihr als „Außenseiter" beim Festival mitgemacht habt?
Ich liebe Grüne Soße und bin der Meinung, dass unser Familienrezept das beste ist. Das möchte ich beweisen …

Vom Wurstbräter zum Grie-Soß-Kräuterkoch – war das ein großer Sprung? Musstet ihr einen Nachhilfekurs besuchen?
Klar habe ich mich von meiner Mutter noch einmal ausbilden lassen. Wer lecker Worscht machen kann, kann auch Grie Soß!

Kann man sich Grie Soß zu einer Wurst vorstellen?
Das habe ich mit Rindswurst schon ausprobiert und habe es für gut befunden.

Wie habt ihr das Festival erlebt? War es schwierig mit den ganzen Grünzeug-Anbetern?
Das Festival ist eine Woche Spaß, aber danach hängt einem die Grie Soß dann zu den Ohren raus. Die Leute sind entspannt und lustig, so wie das ganze Event.

Habt ihr manchmal das Gefühl, ihr habt durch das Grie-Soß-Intermezzo die Wurst „verraten"?
Auf keinen Fall, die Worscht ist mein Leben, die Grie Soß ist mein Hobby.

Jeden Tag Wurstbraten – hängt einem das nicht zum Hals raus? Esst Ihr privat überhaupt noch Wurst?
Ich habe es schon probiert, mich daran zu überfressen, hat aber nicht funktioniert. Ich esse fast täglich eine leckere Worscht (bin süchtig) und wenn ich im Sommer nach Hause komme, wird auch noch mit Freunden gegrillt. Natürlich Worscht und Steak … Möge die Worscht mit Euch sein!

Junghennen aus eigener Aufzucht
Eigene Mischung unseres hochwertigen Getreidefutters

Die Preussen

Die Novizen der Grie Soß

Grüne Soße Festival macht Schule

Kochen ist was für coole Kids und Grie Soß ist schneller als Fast Food – aber doppelt so grün. Deshalb treten seit 2010 auch Schüler beim Nachwuchswettbewerb „Grüne Soße Festival macht Schule" gegeneinander an und kochen um die Wette. Von wegen nix als Pommes und Pausenbrot – wir haben festgestellt: Klassen können klasse kochen, wenn man sie lässt! Über 1.000 Schülerinnen und Schüler in Frankfurt und dem Rhein-Main-Gebiet häckseln und mischen jedes Jahr im Frühjahr mit. Mit den Schulklassen kommt die Grüne Soße an Orte, wo man sie ansonsten selten sieht. Moderator Timo Becker begrüßt die Schülerschar in den heiligen Hallen des Römerkastells Saalburg, zwischen den Projektoren des Filmmuseums, auf den Planken der Primuslinie, im Palmengarten oder im Musikmobil. Aber auch in Profigastrobetrieben wie der Küche des Hotels InterContinental und der Kulturkantine können die Grie Soß-Novizen gemeinsam mit einem Profikoch dem Geheimnis der Kräuter auf den Grund gehen.

An neun Veranstaltungstagen geht also alles um die Wurst ... ach, quatsch: um die Soße. Und wie die „Großen", so feiert auch der Nachwuchs das Finale standesgemäß im Festivalzelt auf dem Roßmarkt. Alle neun Finalisten-Klassen versuchen mit ihrer eigenen Soßenkreation eine 7-köpfige Jury von ihrem Kräuterhandwerk zu überzeugen und das Siegerpodest zu erklimmen.

1. Welches ist das sauerste Kraut in der Grünen Soße?
2. Welches Nachtschattengewächs isst man zur Grünen Soße?
3. Die Grüne Soße kann würzig, säuerlich und salzig schmecken und manchmal auch ein bisschen...
4. Welches Kraut ist das kleinste Kraut der Grünen Soße?
5. Wie viele Kräuter kommen in die Grüne Soße?
6. Um Kräuter zu haben, muss man erst die ... einpflanzen.
7. Man kann die Kräuter schmecken, sehen, fühlen und ... ?
8. Welches Kraut kommt in Frankfurt auf keinen Fall in die Grüne Soße?
9. Ein Raublattgewächs, das in die Grüne Soße gehört?
10. Dieses Kraut gibt es in kraus und glatt.
11. Hühner legen ..., die wir zur Grünen Soße essen.
12. Scherzfrage: Welche Farbe hat die Grüne Soße?

→ Umlaute wie ä, ö und ü werden ausgeschrieben!

Soße mit Integrationseffekt

Interview mit Sakis Miliadis, Inhaber der Nibelungenschänke, Frankfurt

Sakis Miliadis ist mit seinem Restaurant „Nibelungenschänke" seit dem ersten Festival 2008 dabei. Und seit es 2011 die Profigastronomie für Schulen auch im Nachwuchswettbewerb gibt, betreut er hier jedes Jahr eine Schulklasse.

Sakis, wie ist es für Dich als Nicht-Hesse beim Grüne Soße Festival mitzumachen?
Ich fühle mich wirklich sehr wohl dort. Das ist die Ausnahme, dass ein Nicht-Deutscher, ein Nicht-Frankfurter teilnimmt – das ist eine Ehre für mich. Aber ich muss auch sagen: ich fühle mich wie ein Frankfurter. Ich bin jetzt mittlerweile 35 Jahre in der „Nibelungenschänke" und die Grüne Soße habe ich schon eh und je gern gegessen. Ich war immer begeistert, sowohl vom Geschmack als auch vom ganzen Ablauf, wie so etwas gemacht wird.

Gibt es in Griechenland etwas Ähnliches wie die Grüne Soße?
Nein! Im Gegenteil: Wenn wir hier griechische Gäste haben und die Grüne Soße empfehlen, dann sind sie ein bisschen vorsichtig, denn eine kalte Soße kennen sie nicht. Aber wenn sie die probieren, dann sind zu 90 Prozent alle begeistert.

Wie bist Du zum Festival gekommen? Du bist ja als einer der wenigen schon von Anfang an dabei!
Ja, das war damals noch in der Brotfabrik in Hausen, da war ich auch Tagessieger! Damals habe ich beschlossen, ich mache jedes Mal mit, weil mir das ganze Festival, so wie es aufgebaut ist, so gut gefällt. Ich bin begeistert von der Idee, ich bin begeistert von den Machern, von dem ganzen Team. Und ich freue mich auch, wenn ich meine Kollegen dort treffe. Das ist wirklich eine

seltene Gelegenheit, dass man sich trifft und auch andere Leute kennenlernt.

Was motiviert Dich, am Nachwuchswettbewerb teilzunehmen und eine Schulklasse zu Dir in die Küche einzuladen?
Als ich das erste Mal so etwas gemacht habe, war ich begeistert, wie die Kinder mitgemacht haben, wie sie geguckt haben – die Küche, die Maschinerie, die ganzen großen Küchengeräte, das kennen sie ja nicht! Sie haben alle ganz große Augen gemacht – es war wirklich eine Freude, ihnen zuzuschauen. Und das letzte Mal, als wir dann auch den Tagessieg gewonnen haben, da sind sie so glücklich gewesen, sind in die Luft gesprungen – und diese Begeisterung muss man den Kindern nahe bringen. Es muss nicht immer der Computer sein, man kann auch einmal andere Interessen entdecken!

Grüne Soße – eine Integrationssoße?
Ja, da würde ich zustimmen! Ich hatte gemerkt, dass manche Kinder am Anfang gar nicht glücklich waren und dachten „Igitt, was ist das denn?!“ Und später als sie die Soße probiert haben, waren sie begeistert. Das war etwas, was sie gemeinsam gemacht haben, was sie in der Hand hatten. Allein die Tatsache, mitzumachen, mitzuwirken, gemeinsam zu schnippeln, gemeinsam zu rühren und dann gemeinsam zu der Jury-Sitzung zu gehen und auch noch zu gewinnen! Das hat sie wirklich sehr nahe gebracht.

Interview mit Frau Rösch von der Salzmannschule, Frankfurt

Frau Rösch nahm mit ihrer Intensivklasse* 2013 zum ersten Mal am Nachwuchswettbewerb teil. Ihre Schülerinnen und Schüler sind teilweise erst seit kurzer Zeit in Deutschland und haben unterschiedliche Kenntnisse in der deutschen Sprache.

Frau Rösch, was war Ihre Motivation mit Ihren Schülern am Nachwuchswettbewerb teilzunehmen?
In unserer Intensivklasse haben wir Kinder unterschiedlichen Alters aus der ganzen Welt, die gern oder weniger gern die deutsche Sprache und alles, was dazu gehört, erlernen wollen. Damit sich die Kinder auch in Frankfurt wie zu Hause fühlen, sollen sie auch alles, was zu Frankfurter Kultur, Leben und Alltag gehört, kennenlernen. Und die Frankfurter Grüne Soße gehört unbedingt dazu.

Wie haben die Schüler reagiert, wie haben sie den Tag erlebt?
Ich habe meine SchülerInnen informiert, was Grüne Soße ist und habe ihnen auch die einzelnen Kräuter vorgestellt und gezeigt. Das Tolle war, dass wir die Kräuter dann selbst säen konnten und jeden Tag beobachten konnten, wie sie wachsen und gedeihen.

Als der große Tag kam und wir uns in die „Nibelungenschänke" zu Herrn Miliadis auf den Weg machten, hatten wir alle nicht gewusst, was uns an diesem Tag erwartet. Keiner von meinen SchülerInnen hatte vorher die Grüne Soße probiert. Sie wussten nur, sie besteht aus sieben Kräutern, aber wie sie schmeckt, konnte sich keiner von ihnen vorstellen. Schon allein die Tatsache, dass man diese Soße kalt serviert, war für viele unvorstellbar. So ging es mir aber auch, als ich vor 12 Jahren nach Deutschland kam.

Der Tag in der „Nibelungenschänke" war unvergesslich. Frau und Herr Miliadis waren die aufmerksamsten Gastgeber, die man sich vorstellen konnte. Durch die Anweisungen von beiden wurden die Kinder zu den Küchenprofis.

Sie haben 2013 bei Ihrer ersten Teilnahme gleich den Tagessieg abgeräumt – was war das Geheimnis Ihrer Soße?
Ich glaube, dass die Begeisterung der Kinder, die tolle Atmosphäre in der „Nibelungenschänke“ und die Neugier, etwas Neues auszuprobieren dazu beigetragen haben, dass wir Erfolg hatten. Die Kinder arbeiteten den ganzen Vormittag hart und sie hatten sich den Tagessieg einfach verdient. Alle hatten zum ersten Mal in ihrem Leben in der „Nibelungenschänke“ die echte Frankfurter Grüne Soße probiert – manche waren sehr begeistert, bei manchen hielt sich die Begeisterung in Grenzen.

So sehen Sieger aus

Was haben Sie und Ihre Schüler sich für den Nachwuchswettbewerb 2014 vorgenommen?
Viele SchülerInnen, die letztes Jahr dabei waren, sind wieder dabei und freuen sich riesig auf den großen Tag. Und was wir uns vorgenommen haben? Wir haben vor, die beste Grüne Soße in Frankfurt zu machen, mit einem hundertprozentigen Migrationshintergrund. Drücken Sie uns die Daumen, dass es auch gelingt.

Würden Sie zustimmen: Grüne Soße – eine Integrationssoße? Wie funktioniert das?
Meiner Meinung nach ist die Grüne Soße eine „Integrationssoße“. Wir leben in Frankfurt, und wenn man sich umschaut und umhört, hört man an jeder Ecke eine andere Sprache. Es leben hier in der Mainmetropole so viele verschiedene Nationalitäten. Das Schöne ist dabei, dass man nicht alle Sprachen spre-

chen muss, um sich zu verstehen. Nicht nur die Liebe, sondern auch das Verständnis für andere Kulturen geht durch den Magen. Deswegen sollten wir die Speisen anderer Kulturen probieren und sie probieren dafür unsere Grüne Soße. Und vielleicht lernen sie sie auch zu lieben, so wie es bei mir auch geschah.

* Die Intensivklasse ist eine kleinere Klasse von SchülerInnen, die erst kurze Zeit in Deutschland sind und intensiv Deutsch lernen, damit sie in der Regelklasse folgen und ihren Abschluss machen können.

7 Kräuter-Sprachschule

Deutsch

Petersilie
Schnittlauch
Kerbel
Kresse
Pimpinelle
Sauerampfer
Borretsch

Englisch

Parsley
Chives
Chervil
Cress
Salad burnet
Sorrel
Borage

Spanisch

Perejil
Cebollino
Perifollo
Nastuerzo hortense
Pimpinela
Acetosa
Borraja

Italienisch

Prezzemolo
Erbe cipollina
Cerfoglio
Crescione
Salavastrella
Acetosa aspra
Borragine

Französich

persil
ciboulette
cerfeuil
cresson
pimprenelle
oseile commune
Bourrach

Türkisch

maydanoz
frenk sogani
frenk maydanozu
tere
burnet
kuzukulagi
hodan

Soßen
TESTER

Der Teufelspakt *oder* Goethe liebte die Grie Soß!

Mit dem Geheimrat Goethe ist es wie mit der Grie Soß: beides geht immer. Goethes Segen ergießt sich Jahr für Jahr über die Grüne Soße in Form eines Rezepts. Eingeschlagen in appetitlich weißes Papier, kommen die Kräuter jedes Jahr auf den Markt mit der prangenden Aufschrift *„Echte Frankfurter Grüne Soße – Goethes Leibgericht"*. Frau Aja, Goethes Mutter, soll nämlich als Erste das Rezept in ihrem Kochbuch niedergelegt haben. Die Website „Weimar-Lese" wird genauer: *„Die grüne Soße war eine der Leibspeisen des Dichters. Seine Mutter ‚Aja' war eine Meisterin in der Zubereitung des auch als ‚Frankfurter Grüne Soße' bezeichneten Rezepts. Immer wieder bat er sie, es für ihn zu kochen und ließ es dann mit der Postkutsche nach Weimar bringen."* Erinnert das nicht an die ausgewanderten Hessen, die sich heutzutage selbige Grie-Soß-Care-Pakete in die USA fliegen lassen? Die angesehene Süddeutsche Zeitung sekundierte 2012 in ihrem Magazin mit der Headline: *„Goethes Leibspeise: Für Goethe war die Grüne Soße ein Gedicht."*

Das Goethehaus in Frankfurt

Und tatsächlich würde wohl jeder Grie-Soß-Enthusiast in den leicht modifizierten Stoltze-Vers einstimmen: „Es will mer net in de Kopp enei, wie kann die Grie Soß net vom Goethe sei?"

Natürlich, ein jeder wirklich Großer braucht ein Leibgericht, ohne das er das Große nicht vollbracht hätte. Gewiss war es kein Zufall, dass die Farbe Grün in der Goetheschen Farbenlehre, die er selbst als sein wichtigstes Werk schätzte, eine besondere Rolle spielt: *„Wenn man Gelb und Blau, welche wir als die ersten und einfachsten Farben ansehen, gleich bei ihrem ersten Erscheinen, auf der ersten Stufe ihrer Wirkung zusammenbringt, so entsteht diejenige Farbe, welche wir Grün nennen. Unser Auge findet in derselben eine reale Befriedigung. Wenn beide Mutterfarben sich in der Mischung genau das Gleichgewicht halten, dergestalt, dass keine vor der andern bemerklich ist, so ruht das Auge und das Gemüth auf diesem Gemischten wie auf einem Einfachen. Man will nicht weiter und man kann nicht weiter.“*

Goethes Mutter

Das Auge und das Gemüt *„ruht auf diesem Gemischten wie auf einem Einfachen“*? Wer müsste dabei nicht an die Grie Soß denken, die sich aus sieben Kräutern zusammensetzt und doch letztendlich durch den Eindruck der Einfachheit besticht? *„Man will nicht weiter und man kann nicht weiter“* – wie oft habe ich das am Ende des Grüne Soße Festivals nach neunundvierzig verkosteten Soßen selbst empfunden! Und ist die Rede von den beiden „Mutterfarben“ nicht ein deutlicher Hinweis auf seine Mutter Aja als Erschafferin des Grüns in Form der Grie Soß, welche nicht nur dem Auge, sondern auch der Zunge *„reale Befriedigung“* verspricht?

Später fand Goethe für sein Weltgefühl oft prägnante Metaphern wie *„Die Welt ist ein Sardellensalat.“* (Eins wie's andre WA I.4.150). Auch das habe ich oft selbst empfunden, aber ich hätte es nie so schön ausdrücken können wie unser großer Dichter. Während seiner Werther-Zeit gab er sich nostalgischen Koch- und Liebeserinnerungen hin, so in einem Brief an die berühmte „Lotte“:

„Frankfurt und Langen, 26.-31. August 1774

Ich habe gestern den 26. einen Brief an dich angefangen, hier sitz ich nun in Langen zwischen Franckfurt und Darmstadt, (...) und mir im Sinn an dich zu schreiben. Heut vor zwey Jahren sas ich bey Dir fast den ganzen Tag, da wurden Bohnen geschnitten biss um Mitternacht, und der 28. feyerlich mit Thee und freundlichen Gesichtern begonnen, o Lotte, und du versicherst mich mit all der Offenheit und Leichtigkeit der Seele, die mir so werth immer war an dir, dass ihr mich noch liebt, denn sieh es wäre gar traurig wenn auch über uns der Zeiten Lauf das Uebergewicht nehmen sollte." (An Charlotte Kestner WA IV.2.190 ff.)

Ist es nicht geradezu prophetisch, dass in diesem leidenschaftlichen Brief das Wort „Übergewicht" auftaucht, mit dem Goethe später zu kämpfen haben sollte? Übrigens ein Übel das durch häufigen Grie Soß-Genuss abgewendet werden kann! Zwei Jahre später schreibt er – immer noch Stürmer und Dränger, aber nicht mehr in Langen, sondern am Hof in Weimar – an einen neuen Fixstern, Frau von Stein:

Weimar, etwa 8. Januar 1776:

„Ich muss Ihnen noch einen Danck sagen für das Wurst Andencken und eine Gute Nacht sagen. Mein Peitschen Hieb übers Aug ist nur ***allegorisch*** *wies der* ***Brand*** *an meinem Billet von heut früh auch ist. (…) Ich bin geplagt und so gute Nacht. Ich hab* ***liebe*** *Briefe kriegt, die mich peinigen weil sie lieb sind. Und alles* ***liebe*** *peinigt mich auch hier ausser* ***Sie*** *liebe Frau, so* ***lieb*** *sie auch sind. Drum das einaugige Gekrizzel zu Nacht.*" (An Charlotte von Stein WA IV.3,16)

Der junge Goethe 1779

Im März, also kurz nach dem allegorischen Peitschenhieb und Frau von Steins wundersamem Wurstandenken, teilt er seiner Tante mit:

„Liebe Tante. Schreibt mir und liebt mich. Sorgt nicht für

F. W. Murnau: Faust und Mephisto

mich. Ich fresse mich überall durch wie der Schwärmer sagt – Jetzt bitt ich beruhigt euch ein vor allemal, der Vater mag kochen was er will. " (An Johanna Fahlmer WA IV.3, 37f.)

Kann es nach alledem überhaupt noch einen Zweifel geben, dass Goethe von Ajas Grie Soß gekostet hat? Dass er ein Einäugiger war unter den blinden bloßen Wurstessern seiner Zeit?

Trotzdem gibt es Gelehrte – und sie sind in unseren profanen Zeiten in der Übermacht – die sagen, dass die Grie Soß erst ab Mitte des 19. Jahrhunderts in Frankfurt auftauchte und Goethe keine Ahnung von ihr hatte. Die erste gedruckte Version eines Grie Soß-Rezepts ist nachgewiesen im „Frankfurter Kochbuch" von Wilhelmine Rührig, und das erschien 1860.

Doris Hopp vom Goethe-Museum Frankfurt, die sich viel mit Goethes Essgewohnheiten beschäftigt hat, fragt sich überdies, warum sich Goethe nie über die Grie Soß ausließ, obwohl er ständig über das Essen schrieb? Warum hat er ihr nie ein Drama gewidmet oder zumindest eine Briefstelle oder eine Xenie? Doch was, wenn er zum Schweigen über die Grie Soß verdammt wurde? Was sagt Doris Hopp (ich kann ihr diese Frage leider nicht ersparen!) zu diesem seltsamen Fragment des „Urfaust", in dem die legendäre Gretchenfrage in anderem Licht erscheint:

„**Margarete:**
Nun sag, wie hast du's mit der Grie Soß?
Du bist ein herzlich guter Mann,
Allein ich glaub, du hältst nicht viel davon.

Faust:
Laß das, mein Kind! Du fühlst, ich bin dir gut;
Für meinen Leib ließ' ich Lieben und Blut,
Will niemand sein Gefühl und seine Küche rauben.

Margarete:
So schmeckt's dir nicht?

Faust:
Mißhör mich nicht, du holdes Angesicht!
Wer darf sie nennen?
Und wer bekennen:
»Sie schmeckt mir!«?
Wer empfinden,
Und sich unterwinden
Zu sagen: »Sie schmeckt mir nicht!«?
Der Allumfasser,
Der Allerhalter,
Der Alleinunterhalter."

Was ist hier geschehen? Woher dieses Herumgedruckse gegenüber seiner „Leibspeise", hinter der die Liebe noch zu spüren ist?

War es die Verachtung des bloßen Leibes? Kaum denkbar bei ihm. Hat vielleicht eine teuflische Macht ihn zum Schweigen über die irdischen Wonnen der Grie Soß verdonnert?

Jene, mit der er möglicherweise einen Pakt schloss, um sich als bekanntester deutscher Dichter in das Herz seines Landes und seiner Vaterstadt hineinzuschreiben? Wir werden es nie erfahren. Aber auch wenn Goethe diese Stelle in der endgültigen Fassung des Faust sinnentstellend verändert hat, so zeigt sie doch ganz klar: Goethe kannte die Grie Soß! Ich muss jetzt nur noch die Stelle finden, wo das steht.

Das Festival in Zahlen, Daten und Fakten

Zahlen, Daten und Fakten strukturieren das Universum, das gilt nicht nur für die Heilige Sieben oder den Gründonnerstag. Welches Kloster wäre je ohne eine vernünftige Registratur ausgekommen? Darum stellen wir sie Euch, Brüder und Schwestern im Geist der Grie Soß, hier zur Verfügung:

Alle Teilnehmer aus 7 Jahren Grüne Soße Festival

Accente Gastronomie Service GmbH | Ahrenshof | Allgaiers | Alte Schule Florstadt | Alter Äppelkahn | Altes Zollhaus | Gärtnerei Anja Rappelt | Apfelwein Föhl | Apfelwein Solzer | Apfelwein Wagner | Äbbel & Co. | Äpplergalerie | Aubergine | Bergmann's Restaurant | Bernemer Dippche | Berufsbildungswerk Dr. Fritz Bauer e.V. | Best Worscht in Town | Bier- und Apfelweinlokal Friedberger Warte | Bischoff's Hotel Restaurant und Bistro | Bumb Junior | Café König | Café Sturm und Drang | Café Tass | Chez IMA im 25hours Hotel by Levi's | Club 1880 Restaurant | Cooking-rent | Crell Cuisine | Cucina delle Grazie | Depot 1899 Wirtshaus | Die Hofköche Wiesbanden | Domherrenhof Landgasthof und Gourmetrestaurant Dirk Maus | Döpfner's im Maingau | Drosselbart | Eltvinum | Emma Metzler | Exenberger – Die Werkskantine | Exil | Familie Frieser | Feldberghof | Filiale | Flörsbacher Hof | Frankfurter Garten e.V. | Frankfurter Hof „Seppche" | Frankfurter Küche | FrischeParadies KG | Fritz 55 | Gasthaus Rudolph | Gasthaus Zum Bären | Gasthaus Zum Einhorn | Gasthaus Zum Feldberg | Gasthaus Zum Lemp | Gasthaus Zum Löwen | Gärtnerei Schecker | Gebrüder Bauer | Genussakademie | Gerbermühle | Ginnheimer Wirtshaus | Goldener Apfel | Goldman Restaurant | Cafe Größenwahn | Gundelhard | Hausener

Dorfkrug | HesseWirtschaft | Historischer Gasthof zum Riesen | Hochheimer Hof | Homburger Hof | Hotel Hessischer Hof | Hotel Hofgut Georgenthal | Hotel InterContinental | Hotel Jagdschloss Kranichstein | Hotel Nassauer Hof | Hotel Restaurant Pempel | hr-Kasino | Journal Frankfurt | JP's Snackservice | Jugendherberge Frankfurt | jugend-kultur-kirche sankt peter Gastronomie | Junior-Köche Deutschland | Kanonesteppel | Kartoffel-Eck | Katrin kocht | kaufhausHessen | Krempa.s – CafeBistro | Kulturkantine | Kulturothek Frankfurt | Kunzes Erben | Landgasthof Grüner Baum | Landgasthof Rote Mühle | Landhotel Zum Hessenpark | Landsteiner Mühle | Leib & Seele | Liebfrauenberger | Restaurant Lindenallee | Lindner Hotel & Residence Main Plaza | Lohrberg-Schänke | Luna Park café & bar | Mampf | Marino Catering | Markthaus am Wilhelmsplatz | Medici | Metzgerei Kaiser | Metzgerei Meisinger | Metzgerei und Feinkost Ebert | Meyer's Feinkost Sachsenhausen | Micha's Essen und Trinken | Mosebach | Mouson Restaurant | Mutter Schmidt | Müller & Müller | Müllers Bürgerhaus Rodheim | Münch's Restaurant | Nibelungen Schänke | Niddagarten | Olivers Art Cuisine | Odenwald-Gasthaus Dornröschen | Parkstraße 9 | Pulse | Restaurant Deutsches Haus | Restaurant Ratsstube | Restaurant Hessler | Restaurant Schlosshotel Heusenstamm | Restaurant Theaterstuben | restaurantcafé in der ALTEn MÜHLE | Rosisten 2 | Salzkammer | SchlemmerMarkt Fischbach | Schopenhauer | SG Bockenheim | Sieben auf einen Streich | Souper – die Suppenküche | Speisekammer | Stadtfrucht | Startorante | Steigenberger Frankfurter Hof | Straußwirtschaft Zum Gerippte | Sunflower Gartencenter | Reataurant Table | Tafelspitz und Söhne | Tatie food & drinks | Tigerpalast/Siesmayer | Tourismus-Quartett der Stadt Frankfurt | Treuschs Schwanen | Waldgasthaus Bürgelstollen | Wein-Lädchen | Weinstube im Römer | Wetterauer Landgenuss | Wiesenlust | Wilmenrod | Wirtshaus Gickelschlag | Zum Bitburger | Zum Gemalten Haus | Zum Goldenen Engel | Zum Goldenen Karpfen | Zum Grünen Wald | Zum Lahmen Esel | Zum Rühl | Zur Buchscheer | Zur Burgruine Frauenberg | Zur Käsmühle | Zur schönen Müllerin | Zweitausendeins Laden Frankfurt

Alle Weingüter und Keltereien aus 7 Jahren Grüne Soße Festival

Weingüter

Odenwälder Winzergenossenschaft | Ortenauer Weinkeller | Reidemeister & Ulrichs Domaines & Châteaux | Weingut Achim Christ | Weingut Axel Schmitt | Weingut Fritz Allendorf | Weingut Heitlinger | Weingut Josef Schönleber | Weingut Juliusspital | Weingut Königin Victoriaberg | Weingut Lergenmüller | Weingut O. Ingebrandt | Weingut Peth-Wetz | Weingut Prinz von Hessen | Weingut Richard & Frank Kühn | Weingut Rollanderhof | Weingut Schloss Reinhartshausen | Weingut Gustavshof | Weingut Volker Barth | Winzergenossenschaft Bötzingen

Apfelweinkeltereien

Apfelweinkelterei Gerhard Nöll | Bembel-With-Care | Gasthaus Rudolph | Kelterei Elm | Kelterei Georg Herberth | Kelterei Heil | Landkelterei Höhl Hochstadt | Matsch & Brei – Kelterei und Ökoweinhandel | Obsthof am Steinberg | Rapp's Kelterei | Zur Buchscheer

Zahlen rund um das Grüne Soße Festival

Man nehme für acht Tage Festival:

- 49 Gastronomiebetriebe
- 5.600 Zuschauer
- 2.450 Liter Grüne Soße
- 3.850 Soße-Gläschen (pro Abend!)
- 8.000 Eier
- 7,5 t Kartoffeln
- 2.000 Liter Apfelwein
- 1.800 Liter Weißwein
- 3.000 Flaschen Mineralwasser
- 25 Fass Bier

Tigerpalast

Auch Sterneköche sind sich nicht zu schade für Grie Soß! Wo sich auf der Bühne im Tigerpalast Körper schlangengleich verbiegen, speist man nebenan im Restaurant ganz vorzüglich. Seit 1997 adelt der Guide Michelin die Küche mit einem Stern und im November 2013 kam sogar noch ein zweiter hinzu. Auch dem Publikum des Grüne Soße Festivals mundete es vorzüglich. Wahre Könner können eben auch einfach. Ohne etwas von der Kochprominenz zu ahnen, vergab es die Kräuterkrone 2011 an die Palastküche unter Stephan Nesshold.

Heiligkreuzgasse 16-20 I 60313 Frankfurt am Main
Tel. 069-9200220 I www.tigerpalast.de

Gerbermühle

Zweimal schon errang die Gerbermühle mit Küchenchef Jörg Ludwig den Preis für die beste Grie Soß – 2008 und 2010. Wen wundert's? Schließlich spazierte schon Goethe häufig hierher, um seine „Leibspeise“ zu verspeisen. Gut – das stimmt wahrscheinlich nicht so ganz, wie wir gehört haben, aber des Geheimrates Schritte führten ihn oft hierher, denn sein Auge war gefallen auf die hübsche Marianne, Ziehtochter seines Freundes Willemer. Die durfte glatt drei Gedichte in des Meisters West-östlichen Divan hineinschmuggeln. Und auch die Grüne Soße der Gerbermühle ist ein Gedicht!

Gerbermühlstraße 105 I 60594 Frankfurt am Main
Tel. 069-68977790 I www.gerbermuehle.de

Zum Gemalten Haus

Na also, auch eine echte Frankfurter Apfelweinwirtschaft, mitten in Sachsenhausen, ist unter den Gewinnern. 2009 wurde die Grüne Soße von Andreas Rupf prämiert. Schon seit dem Ende des 19. Jahrhunderts war in der Schweizer Straße 67 ein Apfelweinlokal. Überall unter der Gaststätte, der Küche und dem Garten dehnt sich der alte Keller aus. In großen Holzfässern reift dort wie eh und je der Schoppen. Und was gehört zum Schoppen? Ihr wisst es, Brüder und Schwestern!

Schweizer Straße 67 I 60594 Frankfurt am Main
Tel. 069-614559 I www.zumgemaltenhaus.de

Gasthaus „Zum Einhorn“

Wie die Gerbermühle hat auch das Einhorn in Bonames was mit Goethe gehabt: Susanna Margaretha Brandt, das Vorbild fürs Gretchen, arbeitete in dem Fachwerkhaus als Magd und brachte dort in der Waschküche ein Kind zur Welt. Für Mutter und Kind gab's bekanntlich kein Happy End, ganz im Gegensatz zu Willi und Barbara Kehr, die für das Einhorn 2013 den Preis für die beste Grie Soß ergatterten. Hier mag man's gutbürgerlich und kann zu fairen Preisen wie „Frankfurt geht aus“ schrieb: „Futtern wie bei Muttern“.

Alt-Bonames 2 I 60437 Frankfurt am Main
Tel.069-501328 I www.gasthaus-zum-einhorn.de

Mosebach

Noch eine Frankfurter Institution: einfache große Holztische, Studis und Alt-68er hocken neben Schlipsträgern, es ist eng, laut, lebendig. Im doppelten Sinne „große" Schnitzel werden reingetragen und mit Grie Soß und Bratkartoffeln unter großem „Hallo" verspeist. Der Wirt Thomas Mosebach soll laut MAX in jungen Jahren im Traum vom Herrn den Auftrag zu einem immer nachwachsenden Handkäs erhalten haben – wundern würde mich das nicht! Denn seine Grie Soß war mit der Soße der Gerbermühle das Wunder des Jahres 2008.

Sandweg 29 I 60316 Frankfurt am Main
Tel. 069-4930396

Restaurant Goldener Apfel

Tolle Grüne Soße machen – das können nicht nur Frankfurter. Das bewies der „Goldene Apfel" aus Hofheim. 2012 errang er die Kräuterkrone. Hier wurde hessisch gekocht, aber mit Pfiff: der Handkäs mit Musik zum Beispiel kam in einem kleinen Tontopf mit Deckel. Leider ist das Vergangenheit, denn „der Apfel ist vom Baum gefallen", wie die Hofheimer Zeitung schrieb. Ende 2013 schloss die Gaststätte ihre Pforten. Der Ruhm der Hofheimer Kräuterkönige Oliver Weiß und Franco Sommer aber bleibt unvergänglich.

Grüne Soße Festival 2010
SIEGER

Grüne Soße Festival 2009
SIEGER

Grüne Soße Festival 2013
Sieger

Grüne Soße Festival 2012
SIEGER

Die 7 Insider-Highlights aus dem Festivalzelt

Platz 1 Der Eingang des Zeltes wird jedes Jahr von einem Feng-Shui-Meister festgelegt – zur großen Verwirrung der Besucher, die vor einer Notausgangstür auf den Einlass warten, wo letztes Jahr noch der Haupteingang war.

Platz 2 Unsere Soßenabfüller sind echte Profis – innerhalb von zwei Stunden füllen acht Soßenexperten 350 Liter (7 x 50 Liter) Grüne Soße in 4.200 Gläschen (7 x 600 Gläschen)!

Platz 3 Thomas und Birgit von der Gaststätte Lahmer Esel tragen beim Festival aufwendige Kostüme, die sie selbst schneidern. Die Frage, die wir uns jedes Jahr stellen: In welchem heißen Fummel kommen die beiden diesmal?

Platz 4 Es gab schon die verrücktesten Rezeptangaben der Gastronomen – von karamellisierten Äpfeln bis Chili. Aber die eiserne Festivalregel gebietet (zum Glück), dass keine Soße erkennbar rausstechen darf.

Platz 5 Unser einzigartiges Service-Team trägt T-Shirts mit dem Aufdruck „Staff" – so manch begeisterter Festivalbesucher rief schon bei uns an und wollte die „Firma Staff" für eigene Events buchen.

Platz 6 Nur Kartoffeln und Eier zur Grünen Soße? Das finden wohl manche Festivalbesucher langweilig – wir durften schon Tupperdosen mit Scampis und kaltem Schnitzel sichten!

Platz 7 Am Ende eines Festivaltages singt Anton Le Goff mit seinen Gartenzwergen, dem Orga-Team und den Technikern immer „Wo zwei oder drei in deinem Namen zusammen sind" – weniger aus religiösem Eifer als aus einer übermütigen Laune heraus.

Der Kreuzzug für eine „Echte Frankfurter Grüne Soße“

Kreuzzüge sind schwierig. Schon die Kreuzzugritter im 12. Jahrhundert und ihre Widersacher machten problematische Erfahrungen mit der Globalisierung. Ein ewiges Hin und Her, mal gewann der Eine, dann der Andere.

Aber gibt es nicht ein Ziel, das die Sache lohnt? Grie Soß zum Beispiel? Wollen wir, dass die Grie Soß nur noch als seelenloses Fertigprodukt hergestellt wird oder dass die Kräuter für die Frankfurter Grie Soß irgendwann aus Übersee auf den heimischen Markt kommen? Billigkräuter aus fernen Gewächshäusern, während in Frankfurt Oberrad das Licht ausgeht? NEIN, sprach der „Verein zum Schutz der Frankfurter Grünen Soße“ und beantragte Patentschutz zur Verteidigung der heiligen Anbaustätten in Oberrad und den angrenzenden Gemeinden. Nur aus ihren Kräutern soll die heilige, die wahre, die echte „Frankfurter Grie Soß“ hervorgehen. „Ihre Gärtnereien sind die letzte Bastion der heimischen Produktion im traditionellen Anbaugebiet.“ So lässt sich Thomas Södler von der Schutzvereinigung vernehmen und Frankfurter werden das verstehen. Der erste Widersacher aber kam gar nicht von so weit her, sondern aus Berlin und seine Kräuter kommen aus Rheinland-Pfalz und liegen in den Supermärkten im Kälteschlaf. Es wurde hart hin- und hergefochten, doch dann kam ein Vergleich zustande. Na ja, schließlich sind tiefgefrorene Kräuter für einen Ritter der Grie Soß nicht WIRKLICH satisfaktionsfähig. Das deutsche Patent hat der Verein nach sieben Jahren erobert, aber jetzt wird es erst wirklich schwierig: Europa windet sich, wie es das seit Zeus Zeiten immer getan hat. Laut Södler bezweifelt ein EU-Land sogar, „dass es die Grüne Soße überhaupt gibt.“ Ei Guude, wie? Da könnte man mit dem Gegenzweifel kontern, ob es denn Europa überhaupt gibt! Andere in Brüssel halten die Grie Soß wohl für eine Art seltsame Vinaigrette. Um klarzustellen, dass Grüne Soße keine Soße im

Das Grüne Soße Denkmal im Frankfurter Stadtteil Oberrad

gewöhnlichen Sinne ist, hat der Schutzverein sie im Patentantrag als „Kräuterkomposition“ bezeichnet, sozusagen als die Mozartoper unter den Soßen. Petersilie, Borretsch, Sauerampfer und Kerbel gelten dabei als „Hauptbestandteile der Komposition, während Schnittlauch, Pimpinelle und Kresse insgesamt etwa 25% des Gesamtgewichts ausmachen. Je nach Jahreszeit variiert die mengenmäßige Zusammensetzung der Komposition.“ Damit allein haben die Grie Soß-Gärtner schon so manchem Bürokraten die Schweißperlen auf die Stirn getrieben. Normalerweise müssen nämlich einzelne Gewichtsanteile exakt auf einer Verpackung angegeben werden. Aber soll vielleicht für jede Packung jedes einzelne Kraut auf's Gramm genau abgewogen werden? Wäre das noch ein Naturprodukt? Wäre das noch „Grie Soß“? Ein bisschen Chaos gehört schließlich auch dazu! Sogar ab und zu mal ein Spinatblatt, das wegen der Farbe in die Packung hineingerät. Festgelegt ist im Antrag also nur, dass keine Kräuterart mehr als 30% ausmachen darf und 70% der Kräuter aus dem abgegrenzten Gebiet in und um Frankfurt stammen müssen. Die restlichen Kräuter müssen nämlich – insbesondere wenn Ostern früh liegt – auch von den Frankfurtern von außerhalb zugekauft werden. Zwar pflanzen die Gärtner jedes Kraut zu unterschiedlichen Zeiten ein und lesen auch den Lippenblütlern temperaturmäßig jeden Wunsch von den Lippen ab, auf dass sie an Gründonnerstag alle dastehen wie die Orgelpfeifen in der Mette. Die Petersilie aber braucht beispielsweise ganze 14 Wochen Wärme und Sonne VOR OSTERN und käme auch nur befremdlich labberig aus dem geheizten Gewächshaus. Folglich holt man sie in einem kalten Frühling lieber aus Italien oder Frankreich. Mancher Schnittlauch hat die Reise aus Äthiopien hinter sich, manch ein Kerbel kommt aus Israel. Und in der Osterwoche verkaufen die Gärtner fast 80% ihrer Kräuterpackungen. Mehr als 1 Million Packungen wandern das Jahr hindurch in die Einkaufstaschen der Grie Soß-Hungrigen und der Gastronomen. Das Gebiet, aus dem der überwiegende Teil der Kräuter nach dem Willen des Schutzvereins kommen soll, damit die Packung mit dem Titel „Frankfurter Grüne Soße g.g.A." (g.g.A = geschützte geographische Angabe) geadelt wird, umfasst außer Frankfurt die direkt angrenzenden Städte und Gemeinden wie Oberursel, Bad Homburg, Karben, Kriftel, Kelkheim usw.

Griesheim, wo auch Grüne Soße Kräuter angebaut werden, ist nicht dabei, dafür aber – ich bitte Euch, Brüder und Schwestern, jetzt sehr tapfer zu sein: OFFENBACH. Nachdem Ihr diejenigen unter Euch, die jetzt ohnmächtig geworden sind, hinausgetragen und gesalbt habt, lest bitte weiter. Selbst wenn der Markenschutz europaweit durchgesetzt wird, kann es in der Tat passieren, dass

Kreuzzug, um 1200

man eine Packung „Frankfurter Grüne Soße g.g.A." auf dem Markt erwirbt, die darin befindlichen Kräuter jedoch in Offenbach angebaut wurden! Aber seien wir barmherzig: Gehört nicht auch Offenbach zu „Frankfurt und Umgebung" wie all die anderen Gemeinden? Stellt Euch also nicht so an.

Wie aber kommen die Kräuter vom Feld oder Gewächshaus in die Packung?

Die Gärtnereibetriebe sind fast ausschließlich in Familienhand. In der Gärtnerei Nothnagel aus Griesheim zum Beispiel waren anfangs ganze zwei Leute an einem Tisch beschäftigt: der eine legte die Kräuter zusammen, der andere wickelte sie ein. Später waren es dann fünf Tische, was nicht selten zu Verwirrung führte, wenn an einem Tisch ein Kraut ausging: „Habt ihr noch Kerbel?", „Nein, aber wir brauchen Schnittlauch!", „Wo ist der Borretsch, grad war er doch noch da?" Also wurde ein Bote auf's Feld zu den Schneidern geschickt, auf dass sie das fehlende Kraut zuerst aberntéten. Im Prinzip ist das auch heute noch so, allerdings wurde nach sechs Jahren ein kleines Fließband angeschafft, und seitdem geht es geordneter und vor allem schneller zu. Jeder legt „sein" Kraut auf's Band und am Ende

Alte Postkarte aus Oberrad

wickelt ein weiterer Mitarbeiter die Grüne Pracht ein. Allerdings darf man sich da keine Großproduktion à la Opel vorstellen: Fünf Leute legen die Pakete auf, sechs Leute schneiden zeitgleich die Kräuter. Immerhin 300–400 Packungen schafft man auf diese Weise pro Stunde. Der Startschuss fällt am Samstag vor der Osterwoche: Von früh morgens bis in die späten Abendstunden oder in die Nacht hinein wird geschnitten, sortiert, gewikkelt, geschnitten, sortiert, gewickelt, auf dass zu Gründonnerstag die Grie Soß auf den heimischen Tisch kommt. Grüne Soße ist ein typisches Regionalgericht, 80% werden in der Region verspeist. Allerdings landen auch einige Grüne Soße Packungen als Care-Pakete per Luftfracht im Berliner KaDeWe oder finden ihren Weg nach Thailand und bis auf die Malediven. Ob sie dort von heimwehkranken Hessen oder von Einheimischen als exotische Delikatesse in Empfang genommen werden, wer weiß? Auch in die USA wird die Grie Soß verschickt, was möglicherweise damit zusammenhängt, dass Hessen in früheren Jahrhunderten gerne seine Landeskinder dorthin als Soldaten verkaufte.

Wappen der Herren von Cleen im Ingeram-Codex

Hoffen wir, dass der Kreuzzug des Schutzvereins für die Grie Soß in Europa nicht weitere sieben Jahre verschlingen wird oder zumindest nicht so lange dauert, dass den Frankfurter Gärtnern die Puste ausgeht. Um die 20 Gemüsegärtner bauen in Frankfurt noch die glorreichen Sieben an. Die Anbaufläche geht zurück, etwa 230 Hektar sind es noch, davon 217 Hektar Freilandanbau. Wie bei anderen Familienbetrieben auch findet sich manchmal kein Nachfolger …

Übrigens hatten die meisten Ritter auf den Kreuzzügen eher Löwen und Rosen als Kräuter im Wappen. Aber ein paar Jungs mit Kleeblättern oder Raute waren damals immerhin schon dabei und sie waren gewiss die Tapfersten!

Am Gründonnerstag fängt alles an ...

Der Gründonnerstag ist traditionell im Hause der Le Goffs, aber auch in dem vieler anderer Hessen der erste Tag, an dem die Grie Soß auf den Tisch kommt. Schon im Mittelalter wurden an diesem Tag grünes Gemüse und Kräuter gegessen: Grünkohl, Spinat, Nesseln und noch viele mehr. Manche Hessen führen sogar den Namen Gründonnerstag auf diesen Brauch zurück, andere behaupten felsenfest, das Grün käme von „greinen", also weinen. Wer da greint, sind die reuigen Sünder, die früher an diesem Tag tränenreich und öffentlich ihre Schuld bekannten und wieder in den Schoß der Mutter Kirche aufgenommen wurden. Nach Lukas 23,31 gelten sie danach wieder als „grünendes Holz am Stamm der Kirche". Und natürlich steht das Grün für das Wiedererwachen der Natur und für die Kraft des Frühlings. In der Kirche ist dies der Tag des letzten Abendmahls und der Beginn der heiligen drei Tage des Osterfestes. An diesem Abend wird in der Messe die klassische Formel des Hochgebetes „Am Abend vor seinem Leiden ..." ergänzt durch den für mich ein wenig bedrohlich klingenden Halbsatz „und das ist HEUTE!" Ein letztes Mal läuten alle Glocken, danach verstummen sie bis zur Osternacht, stattdessen wird geklappert

Im Frühling erwacht die Natur – und mit ihr der Mensch (Arcimboldo, 1573)

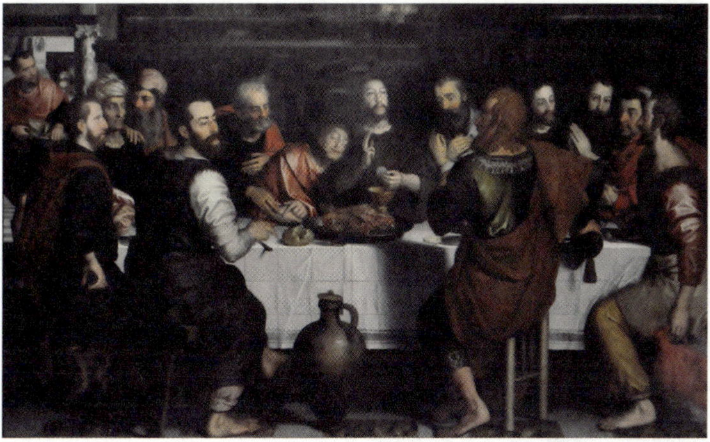

Das letzte Abendmahl am Gründonnerstag (Pieter Pourbus, 1548)

und geratscht, was das Zeug hält. Früher sagten die Hessen gerne, die Glocken seien „nach Rom gegangen", was heutzutage ja eher der Limburger Bischof tut, wenn in Gemeinde und Presse zu viel über ihn getratscht wird. Es gab auch sogenannte Rumpel- oder Finstermetten: Zwölf Kerzen als Symbol der verunsicherten Apostel wurden nach und nach ausgeblasen, die 13. als Symbol Christi aber brannte weiter. In der fast dunklen Kirche schlugen dann die Gläubigen mit Steinen, Stecken und Gebetsbüchern auf das Kirchengestühl, um ihren Unmut kundzutun. In Rheinhessen gingen sogenannte Klapperbuben auch durch die Straßen. Der Gründonnerstag hat überhaupt viele Bräuche hervorgebracht, von denen das vortreffliche Handwörterbuch des Deutschen Aberglaubens berichtet, eine wunderbare Lektüre für lange Winterabende während man auf die Wiederkunft der Grüne Soße-Saison wartet: In der Gegend von Viersen zum Beispiel wurden am Gründonnerstag die Betten nicht gemacht – mit der einleuchtenden Begründung, dass der Heiland in dieser Nacht auch nicht geschlafen hat. Und, Brüder und Schwestern im Geist der Grünen Soße, merket auf: Alles Essbare, das an diesem Tag erzeugt wird, soll eine besondere Kraft besitzen. Ungesalzene Gründonnerstagbutter heilt der Überlieferung nach Wunden. Und die Kräuter, die an diesem Tag gepflückt werden, besitzen

Gründonnerstag auf dem Markt

besondere Heilkräfte. Und natürlich – immerhin befinden wir uns in der Osterzeit – dreht sich vieles um's Ei.

Eier, die am Gründonnerstag gelegt werden, heißen „Antlaßeier" (Eier der Vergebung). Die Pfälzer dachten sogar, dass diese Eier bereits in der Henne geweiht wären. Die spröden Schwyzer legten sie unter die Hausschwelle, um das Haus gegen Unkeuschheit zu schützen. Die Bayern – eher pragmatisch denn keusch veranlagt – platzierten die Antlaßeier lieber auf dem Dachfirst, um das Einschlagen des Blitzes abzuwehren. Wer die Antlaßeier, statt sie am Ostersonntag zu verstecken, schon am Karfreitag in die Kirche mitnimmt, der kann laut altem Volksglauben mit ihrer Hilfe Hexen entdecken. Man erkennt sie daran, dass sie einen Kübel auf dem Kopf tragen oder dem Altar den Rücken zukehren, was in der Tat ziemlich ungehörig ist und was man den Hexen auf keinen Fall durchgehen lassen sollte. Wenn man hingegen am Ostersonntag durch die Schale eines Antlaßeis in die aufgehende Sonne blickt, dann kann man das Osterlamm darin tanzen sehen – das glaubten zumindest die Hessen. Schon am Gründonnerstag durch so eine Schale zu gucken, macht hingegen keinen Sinn, da herrscht nämlich in Hessen Tanzverbot. Bei manchen der alten Bräuche erschließt sich der Sinn nicht sofort: In Brombach an der Nahe fing man am Gründonnerstag ein Eichhörnchen und trug es herum. Kein Mensch weiß mehr warum. Hingegen erschließt sich der Sinn des Brauchs, am Gründonnerstag Grie Soß zu essen, sofort: Man schält gedankenverloren die hartgekochten Antlaßeier, kostet die köstlichen Kräuter der Grie Soß und fühlt förmlich, wie die Sünden der Anderen und na ja, die paar nebensächlichen eigenen, von einem abfallen ... Der lange Winter unseres Missvergnügens ist vorbei, der Frühling ist da! Das feierte schon der Frankfurter Dichterfürst Goethe in seinem „Osterspaziergang", den er in persona gern von Frankfurt Richtung Gerbermühle unternahm. Und er hatte schon vor 200 Jahren die Chuzpe, „Jeder sonnt sich heut so gern" auf „Sie feiern die Auferstehung des Herrn" zu reimen:

„Vom Eise befreit sind Strom und Bäche
durch des Frühlings holden belebenden Blick,
im Tale grünet Hoffnungsglück;
(...)
Aus dem hohlen, finstern Tor
dringt ein buntes Gewimmel hervor.
Jeder sonnt sich heute so gern.
Sie feiern die Auferstehung des Herrn,
denn sie sind selber auferstanden:
aus niedriger Häuser dumpfen Gemächern,
aus Handwerks- und Gewerbesbanden,
aus dem Druck von Giebeln und Dächern,
aus den Straßen quetschender Enge,
aus der Kirchen ehrwürdiger Nacht
sind sie alle ans Licht gebracht.
Sieh nur, sieh! wie behend sich die Menge
durch die Gärten und Felder zerschlägt,
wie der Fluß in Breit und Länge
so manchen lustigen Nachen bewegt,
und, bis zum Sinken überladen,
entfernt sich dieser letzte Kahn.
Selbst von des Berges fernen Pfaden
blinken uns farbige Kleider an.
Ich höre schon des Dorfs Getümmel,
hier ist des Volkes wahrer Himmel,
zufrieden jauchzet groß und klein:
Hier bin ich Mensch, hier darf ich's sein!"

Welcher Grüne-Soße-Typ bist Du?!

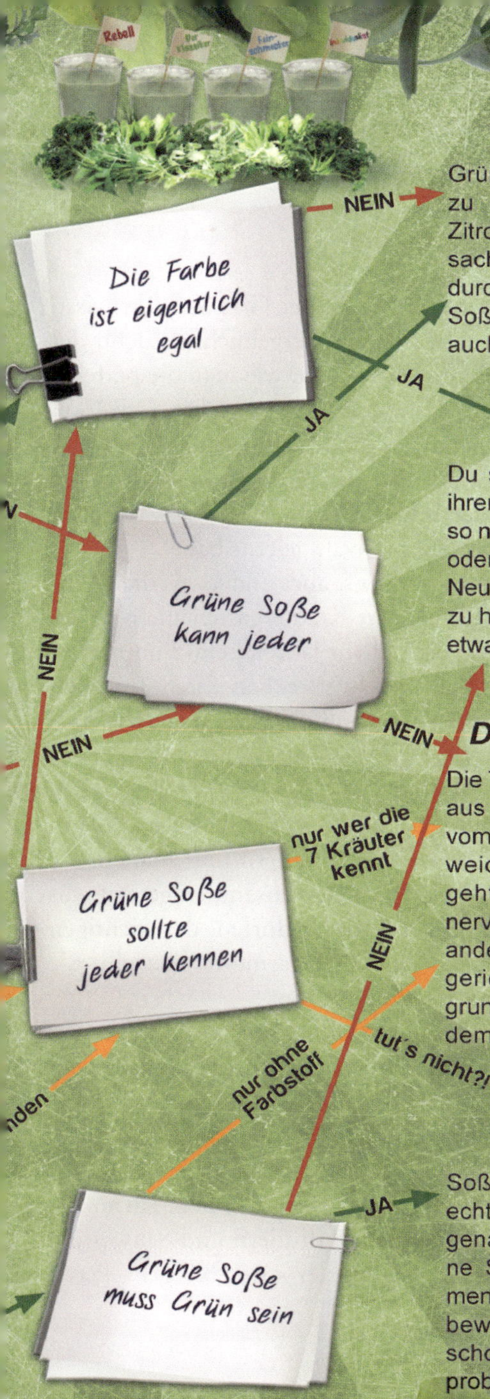

Der Individualist

Grüne Soße ja, aber bitte nicht zu steif daher. Ein Spritzer Zitrone, eine Prise Chili - hauptsache der eigene Stil kommt durch. Soße ist ja nicht gleich Soße! Und Emanzipation darf auch am Tisch gelebt werden.

Der Rebell

Du stehst der Grünen Soße in ihrer klassischen Art nicht ganz so nah. Ob warm oder kalt, grün oder nicht - für Experimente und Neukreationen bist Du immer zu haben - hauptsache es steht etwas Leck'res auf dem Tisch!

Der Feinschmecker

Die 7 Kräuter kannst Du einzeln aus der Soße schmecken, jede vom klassischen Rezept abweichende Verfeinerung entgeht Deinen Geschmacksnerven nicht. Für die ein oder andere Änderung des Kultgerichts bist Du zu haben, grundsätzlich gibst Du aber dem Klassiker den Vortritt.

Der Klassiker

Soßentechnisch bist Du ein echter Traditionstyp. Du weißt genau, wie die klassische Grüne Soße auf den Tisch kommen muss - am Besten nach bewährtem Hausrezept, das schon seit Urgenerationen erprobt wurde und gemundet hat.

Grüne Soße-Knigge von Anton Le Goff

Brüder und Schwestern im Geist der Grie Soß, Ihr wisst: lange habe ich, Anton Le Goff, vergeblich versucht, des Geheimnisses teilhaftig zu werden, wie man die perfekte Frau kennenlernt. Oder zumindest eine perfekte Grie Soß macht! Ich will nicht sagen, dass ich jetzt mehr darüber weiß, aber jetzt, da sich der Mond über dem Roßmarkt bald wieder runden wird, will ich Euch das Wenige verraten, was ich nach langen Jahren des Grüne Soße Festivals gelernt habe.

Da ich – wie die meisten von uns, aber anders als die Mönche im Mittelalter – leider keinen Kräutergarten mein Eigen nenne und ich mich schon einmal vor Jahren beim Pimpinelle-Suchen in der Nähe von Bad Vilbel verirrt habe, steht für mich am Anfang einer gelungenen Grie Soß der Kauf einer Packung Grüne Soße Kräuter.

Das scheint vielleicht simpel, aber da geht's schon los. Denn den Kräuterpaketen geht's wie den Männern und Frauen: Sie sind aus unterschiedlichen Bestandteilen zusammengesetzt, aus guten und, äh, sonstigen, und sie bedürfen der richtigen Mischung, auf dass sich die göttliche Harmonie einstellt, die eine wahre Grüne Soße auszeichnet.

Immer noch finden sich auf den Inhaltsangaben einiger Packungen Kräuter, die für eine echte Frankfurter Soße auf dem Index verbotener Kräuter stehen: Dill, Estragon, Zitronenmelisse und so weiter. Nun, wenigstens kein „kann Spurenelemente von Haselnüssen, Dill und Sardinen enthalten", wie man es auf manchem „Heringstopf" findet. Oft höre ich außerdem Klagen von Grie Soß kaufenden Brüdern und Schwestern über einen zu hohen Anteil an wohlfeiler – weil billiger – Petersilie in den Grie Soß-Packungen. Für echte Frankfurter Grie Soß ist aber ein für allemal in der Schrift niedergelegt, dass nicht mehr als 33% Petersilie drin sein dürfen. Alle anderen Kräuter müssen „anteilig“ dabei sein. Warum?

- Zu viel **Petersilie** und die Soße wird … „flach“.
- Zu viel **Kerbel** und die Soße schmeckt „kerbelig“.
- Zu viel **Borretsch** und die Soße schmeckt „borretschitsch“. Damit kann man vielleicht als russischer Innenminister reüssieren, aber nicht als Grie Soß-Koch.
- Wenn Sie zu viel **Schnittlauch** verwenden, wird die Soße bitter wie ein unerfülltes Verlangen.
- Mit zu viel **Sauerampfer** wird die Soße richtig sauer und ihr Gast womöglich auch.

Wie ich aus apokryphen Schriften weiß, nehmen abtrünnige Köche gern noch **andere Kräuter** dazu:

- In Kassel ist es **Dill**. Warum auch immer. Vielleicht für „Grie Soß zu Fisch“? Ich selbst werde bei Dill in Grüner Soße immer ein wenig grün im Gesicht und möchte den Nordhessen am liebsten zurufen: „Kasseler, bleibt beim Kasseler! Das könnt ihr, auch wenn es wohl ursprünglich aus Berlin kommt!“ Aber natürlich darf ich als Frankfurter dazu keine wertende Stellung nehmen. Auf keinen Fall.
- Man hört auch immer wieder von **Zitronenmelisse** in der Grünen Soße. Abgesehen davon, dass sie nicht in die Original Frankfurter Grüne Soße hineingehört, gibt sie der Soße einen fruchtigen und frischen Geschmack. Also, ich würde sagen: eine lässliche Sünde. Zu viel Dogmatismus ist ohnehin schlecht für's Seelenheil und die Verdauung ... und für die Grie Soß.
- Frau Rath Goethe soll **Estragon** verwendet haben, das lässt sich aber wie schon angeführt nicht wirklich klären oder gar erklären (außer vielleicht über Goethes „Italienische Reise“?).

Entscheidend für eine gelungende Grie Soß ist auch die Gesamtmenge der Kräuter – es dürfen nicht zu wenig Kräuter sein, weil dann Fadheit droht, aber auch nicht zu viele. Denn dann wird die Soße – wie die Grie Soß-Experten sagen – zu „dicht“, und ich kann Ihnen aus meiner persönlichen Erfahrung sagen: Dichtsein ist wahrhaft unangenehm, schlimmer noch als Dichtersein.

Was passiert, wenn Sie **Wildkräuter** nehmen? Äh ... das kann gut harmonieren, wenn sie welche finden ... Und sich ein bisschen vorsehen beim Sammeln in Feld und Wiesen wegen dem „Fuchsbandwurm“ und so weiter ...

Wie kriege ich die Kräuter klein – damit die Grie Soß groß wird?

Zunächst ist gründliches Waschen angesagt und ebenso gründliches Trocknen, sonst haben Sie jede Menge Wasser in der Soße.

Dann: Josef war ein Zimmermann und auch der Grie Soße-Koch ist im Grunde genommen ein Handwerker. Darauf sollten Sie stolz sein! Welches Handwerkszeug aber haben sie zur Verfügung?

- **Das Wiegemesser** ist sehr beliebt unter Adepten der Grie Soß, aber nicht unanstrengend für große Mengen. Wenn Sie Grie Soß für eine Party zubereiten, können Sie sich glatt damit selbst in den Schlaf wiegen.
- **Der Fleischwolf** oder **Cutter** macht weniger Arbeit und die Soße grün, aber natürlich hat nicht jeder so etwas zu Hause (außer vielleicht professionelle Metzger und konvertierte Burger-Liebhaber).
- **Das Hacken mit dem Küchenmesser** dauert seine Zeit, geht aber hervorragend. Nach Möglichkeit nicht mit dem Mixer nachhelfen, die Kräuter könnten bitter werden.
- **Das Schneiden mit einem Keramikmesser** ist etwas für die Spirituellen unter uns, die wissen: Das Metall eines normalen Messers tut den Pflänzchen möglicherweise weh. Das Richtige für echte Kräuterhexen!

Zur Intensivierung der Farbe sei erwähnt,

- dass Spinat die Soße schön grün macht und die „Grünkraft“ optisch betont. Das weiß ich aus meinen geheimen Festival-Quellen. Vorsicht: Zu viel Spinat gibt einen erdigen Geschmack.
- Man kann für die Farbe sogar **Kopfsalat** verwenden, sparsame Köche benutzen ihn auch verbrecherischerweise zum „Strecken“ der Grünen Soße.

Wann sind die Kräuter „genau richtig gehackt?“
Das kann jeder anhand seiner Zähne feststellen, indem er ein Löffelchen zerhackter Kräuter probiert:

- Müssen die Kräuter mit den Fingern zwischen den Zähnen entfernt werden, sind sie eindeutig **zu grob** gehackt, und Sie müssen weiter häckseln, damit das Essen nicht als Loriot-Sketch endet („Dr. Hofstätter, Sie haben da was zwischen den Zähnen ...“).
- Wenn andererseits gar keine Reste zwischen den Zähnen bleiben, sind die Kräuter eigentlich schon **zu fein geschnitten**. Tja ... da müssen Sie und ihre Gäste dann durch ...
- Das Kräuterzerkleinerungsmaß ist dann gut gewählt, wenn es weder in die eine noch in die andere Richtung auffällt, die Kräuter also gewissermaßen al dente geschnitten sind. Moderatio!

Jetzt, Brüder und Schwestern im Geist der Grünen Soße, nähern wir uns endlich den wirklich streitbaren Gefilden: Was nehme ich als **Grundlage für die Soße**?
Ich habe in etlichen Selbstversuchen Folgendes herausgefunden:

- **Schmand** ist fett wie die ersten sieben Jahre in Ägypten und deshalb ein guter Geschmacksverstärker.
- **Saure und süße Sahne** dito.
- **Quark** ist eine festere Grundlage als Joghurt, er macht die Soße sehr sämig und bindet gut ab.
- **Joghurt** macht die Soße dünner, ist aber ebenfalls eine geschmacklich gute Grundlage und kalorienärmer.

Viele nehmen Joghurt und saure Sahne. So wie die abendländische Kultur aus der griechischen hervorging, eignet sich aber auch griechischer Joghurt hervorragend für eine Original Frankfurter Grie Soß, da sein Fettgehalt 10% beträgt. Auch hier sollte man also nicht zu dogmatisch sein, sondern Frankfurtgemäß dem „Clash of Cultures“ huldigen.

Andere wählen eine Mischung aus Quark und Schmand. Neben den gängigen Zutaten gibt es viele Möglichkeiten, die Soße dicker und nicht fett zu machen – z. B. mit **Avocado**. Schmeckt gut, verändert aber natürlich den Geschmack ins Mediterrane.

Hörte ich da „Mayonnaise“? Ist bei vielen Köchen und Grie Soß-Enthusiasten inzwischen total verpönt aus gewichtigen Gewichtsgründen und weil Mayo immer dominant auftritt (gern auch mit Pommes). Außerdem werden viele der Fix-und-fertig-Grie-Soßen im Supermarkt mit Mayo angerührt, und die können einen wirklich ganz schön fertig machen. Andererseits ist Mayo auch nichts anderes als Öl, Ei, Senf, Salz und Zucker. Wer's also mag, mache die Mayo wenigstens selbst und probiere es! Unumstritten ist das Salz in der Soße, das verwenden tatsächlich alle.

Für alle anderen Gewürze und Zutaten verweise ich wiederum auf meine selbstlosen Selbstversuche:

- **Pfeffer**: Na ja, keine Frage, oder? Salz ist ja schon drin.
- **Eine Prise Zucker** muss ebenfalls hinein. Siegersoßen schmecken immer ein bisschen süß, wie ich aus siebenjähriger süßer und bitterer Erfahrung weiß.
- **Senf** macht was her! Aber bitte piano, piano ... Er darf nicht vorschmecken. Ist ja kein Weißwurstessen.
- **Meerrettich** rundet ab, aber auch hier: Vorsicht mit der Menge. Weniger ist beim Meerrettich mehr.
- **Zitrone** gibt die nötige Säure und fruchtige Frische.
- **Essig**: Inzwischen gibt es ja mehr Essig-Variationen als Rieslinge. Fakt ist, dass er ähnlich wie Zitrone der Grie Soß die nötige Säure geben kann, es sollte aber nur formidabler Essig verwendet werden. Und ohne Trüffel- oder Pferdeschweißaroma.
- **Gurkenwasser**: Darauf schwören in Frankfurt so viele, wie in Texas auf die Bibel. Ich gehöre zu ihnen, denn Gurken-

wasser ist ein großer Geschmacksträger, Senfkörner und Zucker sind schon drin. Außerdem können Sie die Gurken aus dem Glas essen, während sie Grie Soß zubereiten, was sich bei Essig oder Zitrone nicht automatisch anbietet ... Die nicht zu unterschätzende Gefahr allerdings: Die Soße wird durch das Gurkenwassser dünner und dünner wie der Suppenkasper von Hoffmann. Verfallen Sie dann Ihrerseits nicht in Panik! Gehen Sie nicht über Los und vor allem: Greifen Sie nicht zur Mayo, um sie wieder fett und fest zu bekommen! Schmand wirkt da auch sehr beruhigend, so wie schon sein Name es suggeriert. Und ich muss an dieser Stelle wohl nicht erwähnen, dass Sie keine mit Dill gewürzten Gurken nehmen sollten!?!

Seid Ihr so weit gekommen – und das ist schon sehr weit auf dem Weg zur perfekten Grie Soß, Brüder und Schwestern –, kommt die unvermeidliche **EIERFRAGE**: Gehören die Eier **in** die Soße oder **neben** die Soße? Zum Beispiel gewissermaßen kameradschaftlich an die Seite der Kartoffeln? Da die Forschung bisher noch nicht einmal die Frage beantwortet hat, was zuerst da war, nämlich die Henne oder das Ei, weigere ich mich, diese Frage zu beantworten. Und überlasse Sie Ihrem Schicksal. Doch den Brüdern und Schwestern, die die Eier IN die Soße tun, gebe ich Folgendes mit auf den Weg:

- Lasst die Eier hart kochen und dann richtig abkühlen, sonst erhitzt ihr die Soße! Und der Herr spricht: „So, weil du lau bist und weder kalt noch warm, so werde ich dich ausspeien aus meinem Mund." (Offenbarung Johannes 3, 16). Das wollt Ihr nicht wirklich, oder?
- Hackt die Eier in kleine Stückchen! Okay, nicht ganz so klein wie die Kräuter, aber klein genug!
- Bedenkt: Die Soße wird durch die Zugabe der Eier dicker.

Wenn Ihr aber Grüne Soße mit Kartoffeln und separaten Eiern serviert, gehören keine zusätzlichen Eier in die Grie Soß! Es müsste eine Selbstverständlichkeit sein, aber leider, leider ist das nicht immer. Also: „Eure Rede sei: Ja, Ja oder Nein, Nein! Wer etwas darüber hinaus isst, ist von Übel.“ (Matthäus 5, 37)

Nebenbei: Im Festival werden die Soßen mit ungeschälten, jungfräulichen Eiern verkostet. Es ist ein haptisches Erlebnis, so ein Ei zu pellen, und es schärft die kognitiven Fähigkeiten für die bevorstehende Abstimmung über die beste Grüne Soße des Abends.

Was esse ich als Adept zur Grie Soß?

- Der Klassiker mit Fleisch ist unumstritten der **Tafelspitz mit Grüner Soße**, Kartoffeln und Eiern.
- Inzwischen auf unzähligen Speisekarten zu finden: Das **Frankfurter Schnitzel**, ein Schnitzel mit Bratkartoffeln und Grüner Soße. Köstlich!
- Auch Fisch mit Grüner Soße ist der Renner: meine Favoriten aus dem Wasser sind gebackene Austern mit Grüner Soße und Zander mit Grüner Soße.

In diesem Buch finden Sie natürlich weitere Varianten, Reißer und Ausreißer der hessischen Kräuterküche. Und, mein Gott, jetzt versucht's halt mal selbst!!

Lieblingsrezepte der Festival-Fans

Salat mit
Grüne Soße Kräuterdressing

Das Salatdressing mit Essig, Öl und Kräutern der Grünen Soße auf Vinaigrette-Basis passt zu allen Blatt- und Gemüsesalaten sowie zu gekochtem Spargel.

Für 4 Portionen:

1	Salatkopf

Für das Dressing:

1/4 Bund	Grüne-Soße-Kräuter
1	Schalotte
1	Ei, hart gekocht, gewürfelt
1	Cornichon, fein gehackt
4 EL	Öl
1 EL	Weißweinessig
½ TL	Senf
2–4 Msp.	Zucker
	Pfeffer aus der Mühle
½ TL	Salz

Zubereitung:

In einer Schüssel den Weißweinessig mit Salz, Zucker und etwas Pfeffer mit einem Schneebesen so lange rühren, bis sich Salz und Zucker aufgelöst haben.

Dann das Öl und den Senf unterrühren, bis sich Essig und Öl zu einer Emulsion verbunden haben.

Die Schalotte schälen und sehr fein würfeln.

Die Kräuter für die Grüne Soße ohne Stängel fein hacken und mit dem Ei und der eingelegten Gurke untermischen.

Den Salat putzen, waschen, auf Tellern anrichten und das Dressing darüber träufeln.

Rezept von Evert Kornmayer, Verlag Gebrüder Kornmayer

Frankfurter Grüne Soße Nudelsalat

Für 4 Personen:

500 g	Nudeln (Rotelle sind besonders dekorativ)
1	Päckchen Grüne Soße Kräuter
1	kleine Zehe Knoblauch
150 g	Sonnenblumen-/Kürbiskern Mix (wahlweise Walnüsse)
	Apfel-Balsamico-Essig
	Öl (Frankfurter Grüne Soße Öl)
3	Schwarze Walnüsse
	Pfeffer, Salz

Nudeln bissfest kochen, abgießen und bereitstellen. Kräuter sehr fein wiegen (hacken). Sonnenblumen-/Kürbiskerne in einer heißen Pfanne ohne Fett leicht anrösten. Alle Zutaten in einer großen Schüssel vorsichtig vermengen, den Saft einer Knoblauchzehe, Essig und Öl dazugeben und wieder leicht vermengen und mit Pfeffer und Salz abschmecken. Zuletzt die schwarzen Walnüsse in Scheiben schneiden und locker unterheben. Einige Stunden im Kühlschrank durchziehen lassen.

Rezept von Sabine Mannel, Kulturothek Frankfurtladen

Suppe mit den Kräutern der Grünen Soße

Für 4 bis 6 Personen:

1 Pack	Grüne Soße Kräuter (250g)
3/4 l	Fleisch- oder Gemüsebrühe
400 g	Kartoffeln
400 ml	süße Sahne
2	naturreine Zitronen
	Salz, Pfeffer und eine Prise Muskat

Die geschälten und in Stücke geschnittenen Kartoffeln in der Fleischbrühe weich kochen, anschließend etwas Zitronenschale in die Brühe reiben und den Saft beider Zitronen hinzufügen. Nun mit einem Stabmixer pürieren und die Sahne hinzufügen. Kurz vor dem Servieren die gewaschenen und grob gehackten Kräuter der Grünen Soße hineingeben und nochmals pürieren. Anschließend nicht mehr kochen lassen. Mit etwas Salz, Pfeffer und einer Prise Muskat abschmecken.

Rezept von Regina Pelz, Firma D. Gretzschel, Obst- Gemüse und mehr..., Wochenmarkt in Frankfurt am Main, Bergerstraße und Schillerstraße

Treuschs Grüne Soße mit Wildkräutern

Für 4 Personen als Hauptspeise
oder für 8 Personen als Beigabe:

400 g	Schmand, saure Sahne oder Crème fraîche
200 g	Joghurt
	frische Garten- und Wildkräuter
	Salz, Pfeffer
1 Prise	Zucker
	etwas Limonenschalenabrieb

Als Wildkräuter können je nach Jahreszeit folgende verwendet werden:
Wiesensauerampfer, Spitzwegerich, Löwenzahn, Vogelmiere, Knoblauchrauke, Giersch, Schafgarbe, Wiesenschaumkraut, Gänseblümchen, Margerite, Bachkresse, Bärlauch und viele andere.

An Gartenkräutern verwenden wir:
Glatte Petersilie, krause Petersilie, Schnittlauch, Sauerampfer, Kresse, Kerbel, Zitronenmelisse, Pimpinelle, Borretsch, Dill.

Grundsätzlich sollte das Mengenverhältnis der verwendeten Kräuter so sein, dass keines davon vorschmeckt. Die geschmackliche Harmonie ist vorrangig zu beachten. Dies gilt für Wildkräuter besonders!

Zubereitung:
Die Kräuter belesen, waschen und fein schneiden. Die Kräuter sollen mit einem scharfen Messer sehr fein geschnitten werden. Quetschen oder drücken sollte auf jeden Fall vermieden werden.
Schmand und Joghurt glattrühren. Die Kräuter zugeben und mit Salz und Pfeffer abschmecken. Mit Zucker und Limonenschalenabrieb geschmacklich ergänzen. Zwei Stunden im Kühlschrank ziehen lassen.

Diese Grüne Soße passt zu allem Üblichen. Weiterhin zu geräuchertem oder gebeiztem Fisch (Lachs, Forelle, Saibling, Heilbutt, Makrele, Hering, Wels). Bei Vorspeisen der feineren Küche passt sie als Beigabe zu sehr vielen Gerichten.
Mit Kräutern wie Basilikum, Rosmarin, Thymian oder Oregano passt sie auch zu Gerichten der mediterranen Küche. Hierzu kann auch Knoblauch eingesetzt werden.

Rezept von Armin Treusch,
GenießerRestaurant Treuschs Schwanen, Reichelsheim (Odenwald)

Warme Frankfurter Grüne Soße

Für 4 bis 8 Personen:

2	Stück Schalotten
20 g	Butter zum Braten
70 g	Champignons
190 ml	Gemüsebrühe
1 EL	Senf
3 EL	Sonnenblumenöl

Schalotten schälen und würfeln und mit den gewaschenen Champignons in der Butter dünsten. Ca. 10 Minuten köcheln lassen.

180 g	Frankfurter Grüne Soße Kräuter / Gemischt aus dem frischen Päckchen

Kräuter waschen, entstielen und die Petersilie, den Kerbel und Schnittlauch für fünf Sekunden in kochendem Wasser blanchieren. Sofort danach in Eiswasser abschrecken und trocken legen.
Alle Zutaten (die frischen, gezupften Kräuter und die blanchierten Kräuter) mit dem erkalteten Gemüsefond fein pürieren und mit dem Öl und dem Senf weiter mixen.
Anschließend schnell auf Eis runterkühlen.

200 g	Hausfrauenzwiebeln
1 EL	Sonnenblumenöl, Salz

Die Zwiebeln schälen und mit dem Öl langsam in der Pfanne glasig schmoren, bis die Zwiebeln richtig weich sind – anschließend fein pürieren.

400 g	reife Tomaten

Fein pürieren und über Nacht in einem feinen Tuch abhängen und den gewonnenen klaren Saft bereitstellen.
Nach Wunsch und Menge etwas Tomatenwasser erhitzen, mit dem Zwiebelpüree die richtige Konsistenz erzeugen und die vorbereiteten Frankfurter Grüne Soße Kräuter zumischen bis zur gewünschten Konsistenz und Geschmack.
Mit Zitrone und Salz abschmecken.

Passt hervorragend zu kurz gebratenem, glasigem Lachs.

Rezept von Thomas Haus, Goldman Restaurant, Frankfurt

Carbonara Grie Salsa alla Marino

In Bernalda geboren, in Bockenheim aufgewachsen. Schon immer liebe ich die Rezepte meiner Mamma aus der Basilikata und die meiner Heimatstadt Frankfurt. Was also lag näher, als eine Fusion dieser beiden Einflüsse? En guude appetito!

Man nehme:
4 Freunde zum Dummbabbeln und Schlemmen, davon
1–2 Freunde zum Schnippeln

1 Packung	Echte Frankfurter Grüne Soße Kräuter, gehackt (Wichtig: Nur die original 7 Kräuter Borretsch, Kerbel, Kresse, Petersilie, Pimpinelle, Sauerampfer, Schnittlauch nehmen. Andere Kräuter wie Dill(!), Estragon, Bärlauch und Konsorten sind tolle Pflanzen – sie haben aber in einer Frankfurter Grünen Soße und damit in unserem Rezept NICHTS VERLOREN!)
500 g	Spaghetti
2	festkochende Kartoffeln, klein gewürfelt
3	Eier, verquirlt
120 g	Pancetta (italienischer Bauchspeck), klein gewürfelt
60 g	Parmesan, gerieben
40 g	Pecorino, gerieben
3–4 EL	Olivenöl
1	Knoblauchzehe
	Salz, schwarzer Pfeffer aus der Mühle

Zubereitung:
Spaghetti in Salzwasser AL DENTE kochen.
Kleine Kartoffelwürfel ebenfalls bissfest kochen.
Währenddessen Olivenöl in einer großen Pfanne erhitzen (nicht zu heiß!).

Pancetta und Knoblauchzehe hinzufügen und anbraten, bis der Knoblauch braun ist.
Dann den Knoblauch entfernen.
Spaghetti und Kartoffelwürfel kurz abseihen und tropfnass (oder mit etwas von dem Kochwasser) zum Speck in der Pfanne geben.
Pfanne vom Herd nehmen.
Gehackte Grüne Soße Kräuter unterheben und gut vermengen.
Verquirlte Eier dazugeben und alles verrühren.
Zwei Drittel der Käsemischung unterheben. Alles noch einmal gut vermengen.
Auf Tellern anrichten, etwas schwarzen Pfeffer darüber mahlen und mit dem restlichen Käse bestreuen.

Rezept von Anna Maria Marino, Marino Catering, Frankfurt

Schnitzel mit Grüner Soße und Bratkartoffeln

Für 4 Personen:

800 g	Schweinefleisch (am besten Schweinelachs)
3	Eier
	Salz, Pfeffer, Mehl
1	Prise Zucker
2	Päckchen frische Grüne Soße
4	gekochte Eier
4	Gewürzgurken
150 g	Schmand
100 g	saure Sahne
2 EL	Senf mittelscharf
	Saft von einer Zitrone
1,5 kg	Kartoffeln
150 g	durchwachsener Speck
1	Zwiebel
200 ml	Öl

Zubereitung Grüne Soße:

Die Kräuter müssen gut gewaschen werden, dann das Wasser abtropfen lassen. Die Kräuter nehmen und durch einen Fleischwolf lassen (wer keinen zur Hand hat, schneidet die Kräuter erst klein, dann nochmal hacken, bis sie die gewünschte Größe haben).
Die gekochten Eier und die Gewürzgurken ebenfalls durch den Fleischwolf lassen (ein kleiner Tipp: Wasser von der Grünen Soße und den Gurken nach dem Durchlassen entfernen, aber aufheben).
Jetzt Schmand, saure Sahne und Senf unter die Masse heben, mit Salz, Pfeffer, einer Prise Zucker und dem Zitronensaft abschmecken (sollte die Grüne Soße zu fest sein, etwas von dem aufgehobenen Wasser von den Kräutern und Gurken dazugeben, bis sie die gewünschte Konsistenz hat).
Nochmals probieren, eventuell mit Salz nachwürzen.

Zubereitung Bratkartoffeln:
Die Kartoffeln waschen und in einen Topf geben. Mit kaltem Wasser bedecken, salzen, dann kochen (Garzeit 30–40 Min., je nach Größe).
Die Kartoffeln abgießen, dann pellen und in dünne Scheiben schneiden. Die Zwiebel schälen und in feine Würfel schneiden. Den Speck genauso schneiden.
Eine Bratpfanne mit ein bisschen Öl erhitzen, die Kartoffeln dazugeben und gut anbraten. Danach den Speck mitbraten. Kurz vor Ende die Zwiebelwürfel dazugeben und mit Salz und Pfeffer würzen (Zwiebel erst zum Schluss, da sie sonst verbrennen würde).

Zubereitung Schnitzel:
Das Fleisch in 100 g Scheiben schneiden, dann gut klopfen, mit Salz und Pfeffer würzen. Die Schnitzel im Mehl wenden, dann durch das aufgeschlagene Ei ziehen und in Paniermehl wälzen (das Mehl sorgt dafür, dass die Panade besser hält).
Eine Pfanne mit Öl erhitzen (Öl nicht zu heiß werden lassen, da sonst die Panade verbrennt).
Schnitzel in die Pfanne geben und von beiden Seiten goldbraun anbraten.

Rezept von Oliver Schwabe und Jörg Ahlers, Leib & Seele, Frankfurt

Schweinebäckchen mit Grüner Soße und Salzkartoffeln

Für 4 Personen:

1 kg	gepökelte Schweinebäckchen beim Metzger bestellen
2	Lorbeerblätter
1	Gemüsezwiebel
2 Stck.	Nelken
1 kg	festkochende Kartoffeln
	Salz

Die gepökelten Schweinebäckchen im lauwarmen Wasser mit Lorbeerblättern, Gemüsezwiebel und Nelken circa 2 ½ Stunden sieden lassen.
Kartoffeln in Salzwasser kochen.
Frankfurter Grüne Soße nach eigenem Rezept zubereiten, bei Antons Knigge nachlesen oder im Einhorn bzw. Feinkostgeschäft käuflich erwerben.

Rezept von Willy Kehr, Gasthaus Zum Einhorn, Bonames

Rippchencarpaccio mit Grüne Soße Mousse und Meerrettichvinaigrette

Für 4 Personen:

32	Scheiben Rippchen (beim Metzger schon geschnitten besorgen)

Für das Mousse:

200 g	fertige Grüne Soße
2 Blatt	Gelatine
50 g	geschlagene Sahne

Für die Vinaigrette:

2 EL	Sherryessig
2 EL	Meerrettich aus dem Glas
6 EL	Olivenöl
1/2	kleine rote Zwiebel, fein gewürfelt
1/2	Tomate abgezogen und in Würfel geschnitten
	etwas Schnittlauch

Die Grüne Soße mit der eingeweichten und leicht erhitzten Gelatine vermischen und dann die geschlagene Sahne unterheben. In kleine Formen abfüllen und ca. zwei Std. kalt stellen.

Für die Vinaigrette den Essig mit dem Meerrettich verrühren, nun das Olivenöl dazugeben, mit Pfeffer und Salz würzen. Zum Schluss die Zwiebel, die Tomaten und den Schnittlauch dazugeben.

Die Rippchenscheiben auf vier Teller verteilen, mit der Vinaigrette marinieren und zum Schluss das gestürzte Grüne Soße Mousse obendrauf setzen und mit etwas Salat garnieren.

Rezept von Jörg Döpfner, Döpfner's im Maingau, Frankfurt

Gundelhard Sandwich

Pro Person:

Knuspriges Roggenbaguette oder Brötchen
Original Frankfurter Grüne Soße

	Paniertes Schnitzel (ca. 100g –120g)
1	gekochtes Ei
3	Kirschtomaten
1	Holzspieß
	gehackte Petersilie
	einige Blätter Blattsalat, (z. B. Kopfsalat, Rauke, Radicchio, Eichblatt, Lollo, usw.)

Zubereitung:

Roggenbaguette oder Roggenbrötchen aus Brotteig sind ein wichtiger Bestandteil des Rezepts und geben dem Gericht seinen unverwechselbaren Geschmack. Am besten beim Bäcker auf kräftigen Geschmack und eine möglichst knusprige Rösche achten. Brötchen aufschneiden, leicht anrösten und auf den Teller geben.

Einige Blätter Salat auf die Unterseite des Brötchens legen.

Kalbs- oder Schweineschnitzel panieren und in reichlich Schweineschmalz oder Pflanzenfett, je nach Geschmack mit verhaltener Hitze ausbraten. Auf Küchenkrepp kurz abtropfen und auf das aufgeschnittene Brötchen geben.

Grüne Soße daraufgeben, das gekochte Ei in Scheiben geschnitten darüber fächern, gehackte Petersilie darüber streuen. Kirschtomaten halbieren und außen herum dekorieren.

Den Holzspieß durch den Brötchendeckel stecken und auf das Schnitzel aufstecken – fertig!

Rezept von Rolf Kobbe, Waldgasthof Gundelhard, Hofheim

Grüne Soße „am Stück"

Für ca. 10 Würste

600 g (oder 60%)	mageres Fleisch (bspw. mageres Rind- oder Schweinefleisch)
400 g (oder 40%)	Speck
20 g (pro kg Fleisch)	Pökelsalz
1–2 Packungen	Grüne Soße
2	mehlige Kartoffeln (gekocht)
2	Eier (gekocht)
1–2	Zwiebeln
	Kunstdarm
	Pfeffer, Muskat

Benötigtes Gerät:
Fleischwolf

Zubereitung:
Das Fleisch und den Speck durch den Fleischwolf zu einer feinen Farce drehen. Mit Pfeffer, Muskat und den kleingeschnittenen Zwiebeln abschmecken. Die Kartoffeln und Eier mit einem Mörser oder einer Gabel zerdrücken und untermischen.
Zum Schluss die gehackten Kräuter der Grünen Soße dazugeben und alles zu einer Masse verrühren. Diese dann in einen Kunstdarm füllen und in kochendem Wasser gar kochen. Die Garzeit hängt von der Dicke der Würste und des Darms ab. Die gekochten Grüne-Soße-Würste erkalten lassen, in dicke Scheiben schneiden und auf dem Grill oder in der Pfanne anbraten.

Dazu Sauerkraut, ein Schälchen Frankfurter Grüne Soße, Brot oder Bratkartoffeln servieren – und natürlich ein Schoppen Apfelwein!

Rezept von Torsten Dornberger, „Schöne Müllerin", Frankfurt, in Kooperation mit der Metzgerei Kaiser, Kalbach

Gekochter Tafelspitz mit Grüner Soße

Für 6 Personen:

1	Tafelspitz (ca. 2 kg, Hüftdeckel)
1	Suppengrün
2	Lorbeerblätter
1	Nelke
2	halbe Zwiebeln mit Schale, die Schnittflächen in einer Pfanne sehr gut geschwärzt (die Schale ergibt die Farbe in der Suppe)
	Salz, Pfefferkörner
	Sellerie, Karotten, Lauch, Olivenöl

Zubereitung:
Wasser mit dem Suppengrün, den Lorbeerblättern, der Nelke, der halbierten Zwiebel, Pfefferkörnern und Salz zum Kochen bringen, dann den Tafelspitz dazugeben und weitere etwa 2 bis 2,5 Stunden köcheln, nicht kochen lassen (ca. 90°C).
Mit einer Fleischgabel testen, ob das Fleisch gar ist (lässt sich ganz leicht durchstechen).
Aus dem Fond herausnehmen, in Scheiben schneiden und warm stellen.
Sellerie, Karotten und Lauchstreifen in etwas Olivenöl kurz garen und auf dem Fleisch verteilen. Mit etwas frisch geriebenem Meerrettich und Schnittlauch bestreuen und mit der Grünen Soße (Inspirationen dazu findet Ihr in Antons Knigge) servieren.
Als Beilage passen Salzkartoffeln oder Bratkartoffeln.

Rezept von Dieter Schreuer, Speisekammer Frankfurt, Alt-Heddernheim

Austern mit Grie Soß und Ratte-Kartöffelchen

Das war mal ein echtes „Arme-Leute-Essen“ – wie die Zeiten sich doch ändern!

Für 4 Personen:

Austern:
Neandertaler lebten nachweislich auch von Austern – da wäre Grie Soß natürlich auch eine schöne Abwechslung gewesen … Handkäs …? Lebberkäs’… Dumm gelaufen … In der Höhle hatte das Pony keinen Platz …

Zum Rezept:

1	Kiste Sylter Royal Zuchtmuscheln (24 Stück) – bestellen. Die Sylter Zuchtmuschel ist nicht so groß und durch ihre Aufzucht im geschützten Wattenmeer auch nicht so salzig. Wird im Winter wegen Eis in Zuchtbecken verbracht – also viel Arbeit für wenig Ertrag, aber: superlecker! Wenn's gar keine gibt: Kleine Belones sind eine mögliche Alternative. Achtung: Die Schalen müssen fest geschlossen sein. Lagerung im Kühlschrank ist möglich – mit der gewölbten Schale nach unten!
10	Scheiben helles Toastbrot, eingefroren
100 g	Salzcracker /TUC-TUC
500 g	Butterschmalz
2	Eier
0,1l	Sahne
	Salz, Pfeffer

Frankfurter Grüne Soße:

1	Packung frische Frankfurter Grüne Soße
8	Eier
1	Becher Crème fraîche
1	Becher saure Sahne
1	Becher 0%-Quark
	Senf, Salz, Pfeffer, Zitronensaft, Pflanzenöl, wenig Knoblauch, brauner Zucker

Die Kräuter waschen, trockenschleudern und mit dem großen Kochmesser feinst hacken.
Sechs Eier hart kochen, abschrecken, pellen und mit dem Eierschneider quer und längs in feine Würfel schneiden, zu den Kräutern geben. Aus einem ganzen Ei und einem Eigelb eine leichte Mayonnaise mit Senf, Zitronensaft und Öl aufmixen (Ihr wisst, wie das geht!) – dazu die drei Milchprodukte geben und beim Verrühren mit einem Hauch braunem Zucker abschmecken.
Alles vorsichtig verrühren, es soll keine Suppe werden!
Zwei Stunden stehen lassen, damit sich die Produkte harmonisch vereinigen. Die Soße sollte ziemlich fest werden – das gekochte Ei bindet.
Die Soße kurz vor dem Servieren mit dem gesammelten Austernwasser langsam aufrühren, bis die gewünschte Sämigkeit entsteht.

Geschmorte Ratte-Kartöffelchen:

500 g	kleine helle Ratte aus der Normandie, wenn's Bamberger Hörnli geben sollte, unbedingt zugreifen – die sind zwar arbeitsintensiver als die Franzosen, aber auch noch viel besser. Mit Salz und Lorbeerblatt bissfest kochen und erkalten lassen.

Los geht's:
Die **Austern** mit einem Austernmesser an der Hinterseite einstechen und aufbrechen (ein dickes Küchenhandtuch benutzen oder einen Austernhandschuh und wirklich aufpassen!!).
Das nach „Bad im Meer auf Langeoog im Spätsommer" riechende Austernwasser auffangen.
Die Auster auslösen und auf Küchenpapier trocknen.
Vom gefrorenen Toastbrot die Rinde abschneiden, das helle Brot grob würfeln und im Küchenhacker (braucht eine jede Frankfurter Küche) mit den Crackern zusammen nach gusto fein bis sehr fein hacken.
Wer einmal nach dieser Methode paniert hat (völlig egal was!), wird sein gekauftes „Weckmehl" den Mehlmotten überlassen!!
Eier verrühren, salzen und pfeffern, die Austern darin gut befeuchten und in der Panade wälzen und selbige gut andrücken. Dann bis zum Frittieren in den Kühlschrank.

Die **Kartöffelchen** auf einen ausreichend langen Holzspieß stecken und in Olivenöl und mit etwas grobem Salz langsam in einer großen Pfanne anbraten. Nach gusto frische Provencekräuter einhacken.

Zum **Anrichten** die **Grüne Soße** als Spiegel auf dem Teller verteilen – die **Austern** vorsichtig im erhitzten Butterschmalz jeweils zu sechst (portionsweise) goldgelb frittieren, auf Küchenpapier entfetten und mit dem **Kartoffelspieß** dekorativ auf der Soße präsentieren. Für die Nicht-Puristen ein Schnitz Limone extra und vielleicht noch schwarzer Pfeffer aus der Mühle.

Rezept von Micha Bartels, Micha's Essen und Trinken, Frankfurt

Hessisches Sushi oder
Grüne Soße Spargelsalat

Für 4 Personen als Vorspeise:

160 g	roher Lachs (Sashimi-Qualität)
2 Stangen	gekochter weißer Spargel
2 Stangen	gekochter grüner Spargel
40 g	Grüne Soße
20 g	Frischkäse
	Kresse
	Salz, Pfeffer

Zunächst den Lachs in kleine Würfel schneiden.
Den Spargel 10 Minuten blanchieren. Von den Spargelstangen die Spitzen abschneiden und als Dekoration für später zur Seite legen. Die restlichen Spargelstangen in Scheiben schneiden, mit der Grünen Soße und dem Frischkäse gut vermischen, dann den Lachs zugeben und mit Salz und Pfeffer abschmecken.
Etwa 10 Minuten durchziehen lassen und anrichten. Garnieren Sie den Salat mit etwas Kresse und den Spargelspitzen oder servieren Sie ihn umwickelt von einer längs geschnittenen Gurkenscheibe mit etwas eingelegtem Ingwer auf einem Tupfer von der Grünen Soße – fertig ist Ihr hessisches Sushi!
Guten Appetit! Itadakimasu! (いただきます)

Rezept von Christian Kutschera, Sushi-Circle

Frankfurter Vegane Grüne Soße

Für 1 l Soße/4 Personen:

1 Päckchen	Grüne-Soße-Kräuter
2 Päckchen	Mandonaise (Fa. Soyana)
1 Glas	Reismayo „Natur“ (Fa. Probios)
2 TL	Zucker
1 TL	Steinsalz aus dem Himalaya
2–4 EL	Reissahne
1/2	Knoblauchzehe
1/4 TL	Curcumapulver
1 gestr. TL	gemahlener Pfeffer
	frischer Saft einer halben Zitrone
1 EL	Apfelessig

Zubereitung:
Kräuter gründlich reinigen und trocknen, liebevoll in grobe Stücke (inklusive der Stiele) zerteilen und in die Küchenmaschine geben. Alle weiteren Zutaten zugeben. Küchenmaschine auf mittlerer Stärke starten und ca. eine Minute laufen lassen, bis alle Zutaten angehäckselt sind. Stoppen, erst um- und dann mit Liebe einrühren, neu starten und zerkleinern, bis alles fein und sämig-cremig ist. Wer keine Küchenmaschine hat: Kräuter erst hacken oder mit dem Pürierstab zerkleinern. Restliche Zutaten zugeben und gründlich und lange einrühren, am besten mit einer Gabel und viel Geduld.

Rezept von Nils Bremer und Laura J. Gerlach, Journal Frankfurt

Grüne Soße Torte

Für 8 bis 10 Personen:

Für den Biskuit:

4	Eier
100 g	Mehl
100 g	Stärke
5 g	Backpulver
	Abrieb von einer Zitrone
	Salz

Die Eier im warmen Wasserbad aufschlagen, Mehl und Stärke vorsichtig unterheben, Salz und Zitronenabrieb dazugeben.
Bei 160 °C 30 Minuten in einer 26 cm-Backform backen.

Für die Grüne Soße Creme:

800 g	Grüne Soße nach eigenem Hausrezept
400 g	geschlagene Sahne
9 Blatt	Gelatine
8 cl	Apfelwein
	Salz und Pfeffer aus der Mühle

Gelatine ca. 3 Minuten in kaltem Wasser einweichen, ausdrücken und mit dem Apfelwein leicht erhitzen. Danach unter die Grüne Soße rühren. Zum Schluss die Sahne unterheben.
Den Biskuit in der Backform belassen, die Grüne Soße-Masse einfüllen und die Oberfläche glatt streichen. Mit Radieschen und Grüne Soße-Kräutern dekorieren.
Die Torte kann gut zu Räucherlachs oder kalt aufgeschnittenem Roastbeef serviert werden – oder einfach nur zu einem Salat.

Rezept von Jörg Ludwig, Gerbermühle, Frankfurt

Grüne Soße Pralinen

Zutaten:

60 g	Sahne
	etwas Zitronensaft
100 g	weiße Schokolade
25 g	Grüne Soße Kräuter, ganz fein geschnitten
30 g	Butter

Schokolade auflösen, Sahne mit den Kräutern der Grünen Soße kochen. Sahne zu der Schokolade geben und gut verrühren. Zitronensaft und Butter zugeben und abkühlen lassen. In Hohlkörper aus Bitterschokolade füllen und mit Bitterkuvertüre verschließen. Dann mit grüner Lebensmittelfarbe dekorieren.

Rezept von Leif Besselmann, Besselmann Pralinen

Grüne Soße
Kräuter-Sorbet

Für 4 Personen:

120 g	Zucker
200 ml	Wasser
100 ml	Weißwein
60 ml	Zitronensaft
1 Blatt	Gelatine
60 g	pürierte Grüne-Soße-Kräuter

Zubereitung:

Wasser mit Weißwein und Zucker aufkochen. Parallel die Gelatine in kaltem Wasser einweichen und in der kochenden Weinsoße auflösen. Die Flüssigkeit abkühlen lassen. In der Zwischenzeit die Kräuter waschen und grob hacken. Dann mit etwas von der abgekühlten Flüssigkeit pürieren. Nun den Zitronensaft zur restlichen Flüssigkeit geben. Diese jetzt durch ein Sieb geben und mit den pürierten Kräutern vermischen. Das Ganze schließlich in der Eismaschine cremig frieren lassen. Wer keine Eismaschine hat, kann das Sorbet in eine Metallschüssel geben und in der Gefriertruhe frieren. Dort muss das Sorbet häufiger mit einem Schneebesen oder einem Handrührgerät umgerührt werden, damit es eine cremige Konsistenz erhält. In der Regel wird das Sorbet um so cremiger, je öfter es umgerührt wird, wodurch sich auch die Zeit des Gefrierens verlängert.

Rezept von Michael Stöckl, ApfelWeinBistrorant Landsteiner Mühle, Weilrod

Grüne Soße Eis

Eine köstliche Eisspezialität, bei welcher man die original Frankfurter Grüne Soße Kräuter verwendet.
Den Schnittlauch jedoch unbedingt herausnehmen und, wenn möglich, etwas mehr Kerbel hinzugeben.

Für 4 Portionen:

500 ml	Schmand
110 g	Rohrzucker
6	Eigelb
1	unbehandelte Zitrone, abgeriebene Schale davon
150 g	Grüne Soße Kräuter, ohne Schnittlauch (!)

Zubereitung:

400 Gramm Schmand mit dem Zucker und dem Zitronenabrieb mischen. In einem Topf unter Rühren auf 85° C erhitzen.
Das Eigelb mit dem restlichen Schmand in einer kleinen Schüssel aufmixen und schlagen bis es anfängt, fest zu werden.
Durch ein Haarsieb streichen, in die Schmand-Zucker-Mischung einrühren und ganz abkühlen lassen.
Die Grüne Soße-Kräuter fein hacken, zur abgekühlten Masse geben und so lange mixen, bis eine kräftige grüne Farbe entsteht.
In einer Eismaschine gefrieren lassen.

Rezept von Evert Kornmayer, Verlag Gebrüder Kornmayer

Grüne Soße Smoothie

Die Grüne Soße „to go“ – und so geht’s:

Zutaten:

1	Apfel, frisch gepresst oder
100 ml	Bio-Apfelsaft
1	Orange, frisch gepresst oder
100 ml	Bio-Orangensaft
ca. 1/3	Packung Grüne Soße Kräuter
1	reife Avocado

Zubereitung:

Den Apfel- und Orangensaft vorsichtig mit den Kräutern in einem Mixer mixen. Die Avocado in Stückchen dazugeben und gut durchmixen.

Den Smoothie am besten zimmerwarm genießen!

Je nach Belieben den Anteil der Kräuter variieren.

Rezept von Marion Bratfisch, Saftart

Frankfurter Grie Soß-Luft

Zutaten:

1 Packung Frankfurter Grüne Soße Kräuter
Sojalecithin
Salz
Pfeffer

Die Kräuter waschen und durch einen Fleischwolf lassen oder in einem Mixbecher mit 300 ml Wasser mixen. Die Kräutermasse durch ein feines Sieb passieren. Nach Geschmack mit Salz und Pfeffer abschmecken.
Für den Schaum nun pro 100 ml Flüssigkeit 0,5–1 g Sojalecithin (bspw. von Texturas Albert & Ferran Adrià) darunter mixen. Das Ganze mit einem Zauberstab aufschäumen oder mit einer Aquarium-Belüftungspumpe zu einem festen Schaum entstehen lassen.

Ein kulinarischer Spaß bei jeder Party!!

Rezept von Dieter B. Schmidt, Hellhof Raum für Ihren Geschmack

Was trinkt man bloß – zur Grie Soß?

Äpfel sind gefährlich. Das, meine Brüder und Schwestern im Geist der Grünen Soße, musste schon der erste Mann auf Erden erfahren. Kurz nach dem Urknall war, wie man hört, alles noch paradiesisch einfach. Aber dann biss der Kerl in den ihm von Eva angebotenen Apfel – seitdem hat die Menschheit Beziehungsprobleme, und mit Gott lief es auch nie mehr so gut wie früher. Da sage noch einer: Obst ist gesund! Oft habe ich mich gefragt, ob die Sache auch so ausgegangen wäre, wenn Eva ihrem Adam keinen Apfel, sondern einen Äppelwoi kredenzt hätte. Der macht bekanntlich kommunikativ und ruhig zugleich und ist wahrscheinlich deshalb das Frankfurter Nationalgetränk. Allerdings erschließt sich die Lust am Herben und Gerippten insbesondere den Nichtfrankfurtern nicht unmittelbar. Manch aus der Fremde Zugereister denkt, den steingrauen, dickbauchigen Bembel vor sich, die fröhlichen Frankfurter Zecher neben sich und das Getränk, das lautstark in den Eingeweiden rumort, in sich, dennoch nicht ohne Melancholie daran, dass nur 30 Autominuten von Frankfurt City entfernt der wein- und sektselige Rheingau auf ihn warten würde. Doch Obacht, Brüder und Schwestern: Der Äppler hat sich inzwischen von dem älteren und kultivierteren Bruder Wein die Geschmacksnuancen abgeguckt. Und der Apfelweinbeauftragte des Festivals, Michael Stöckl, ist zugleich Sommelier und stellt die ungleichen Brüder an jedem der sieben Abende völlig gleichberechtigt nebeneinander vor.

Was viele nicht wissen: Frankfurt war nicht immer nur die Welthauptstadt des Apfelweins, sondern über Jahrhunderte hinweg ebenfalls ein nicht unbedeutendes Weinbaugebiet. Sachsenhausen hatte einen großen Weinberg; Rodgau-Langen, Röderberg, Lohrberg, Seckbach, Bornheim, Bergen-Enkheim waren alles beste Weinlagen. Allerdings nur bis zur frühen Neuzeit, dann verschwanden alle, bis auf die kleine Enklave am Lohrberg.

Grund für den damaligen Reichtum an Reben war besseres Wetter, und Ihr werdet es Euch schon denken, Brüder und Schwestern: die große Anzahl an Klöstern, Adelssitzen und anderen Ansammlungen von Weinwilligen. Die Klöster benötigten, wie sie sagten, „ausreichend Messwein" und bewirteten durchreisende Könige und Grafen mit Wein. Dem Stift des Heiligen Batholomäus gehörten seit dem 9. Jahrhundert Weinberge in Bergen.

Leider erlebte das deutsche Mittelalter nicht nur eine *Lautverschiebung*, sondern auch eine *Klimaverschiebung*, und zwar hin zum Nasskalten.

Die Chronik Konrad Appels (man beachte als Äpplerfreund den Namen!) aus Hochstadt lässt in dürren Worten die Probleme des damaligen Rebenanbaus in und um Frankfurt gegenwärtig werden:

„1597: den 29. May hat das Wetter Wein und Korn erschlagen.
1601: der Wein ist nicht geraten.
1602 fiel den 2. April solche Kälte ein, dass die Weinstöcke erfroren sind.
1608 der Wein war schlecht, sehr sauer und wenig, so dass man selbigen nicht verkaufen … konnte.
1615 Ende April erfroren die Weinstöcke. Der Wein war gut, aber wenig."

Wen wundert es, dass die weltklugen Frankfurter sich eines Besseren besannen und sich der robusteren Apfelweinherstellung zuwandten, zumal die Steuerkontrollen zunächst nicht so streng waren und der Apfelwein, anders als der Wein aus Trauben, nicht unter die kirchliche Zehntpflicht fiel. Seit dem 16. Jahrhundert entstanden in Frankfurt die ersten Heckenwirtschaften, das waren Wirtschaften, in denen selbstgekelterter Apfelwein ausgeschenkt wurde. Mitte des 18. Jahrhunderts wurden bereits eine Million Liter Apfelwein allein in Sachsenhausen verzapft.

Für die Heckenwirtschaften hatte man normale Wohnstuben ausgeräumt und darin Schankräume eingerichtet. Anfangs beleuchteten funzelige Talglampen die Schoppepetzer, später Gaslampen und schließlich Glühbirnen. Ansonsten blieb von der frühen Neuzeit bis Anfang des 20. Jahrhunderts fast alles beim Alten:

„Ein Schanktisch, dahinter die „Spühlbrenk“ mit Trocken- und Ablaufbrett. Auf dem Schanktisch der Faulenzer als Einschenkhilfsgerät, in dem der Bembel steht. An der Wand befand sich ein Regal mit Gläsern, Kartenspielen, Kreide und Zigarrenkisten. (...) An den Fenstern zeigten rote Vorhänge an, dass gezapft wurde. Unter dem Schanktisch befanden sich: Das Käsedibbe, Pfeffer und Salz, Essig sowie Kümmel für den Handkäs. Dazu Brot, einige Teller und Bestecke. Im Raum stand ein Ofen mit langem Rohr. Auf die Ofenplatte legte die Wirtin morgens rohe, ungeschälte Kartoffeln.“ (H. P. Müller)

Die Heckenwirte waren hauptberuflich keine Wirte, sondern Gärtner, Mainschiffer, Handwerker etc. und gegenüber ihrer Apfelwein-Kundschaft von legendärer Ruppigkeit.

1876 existierten in Sachsenhausen etwa 43 Heckenwirtschaften; in Frankfurt-Stadt konzentrierten sie sich in der Alten Gasse und der Breiten Gasse, dem Wohnviertel der Frankfurter Gärtner – die Grie Soß lässt grüßen!

Gegen Ende des 19. Jahrhunderts wurden die Heckenwirtschaften von Apfelweinkneipen abgelöst, die das ganze Jahr hindurch ausschenkten; die Wirte wurden Wirte und sonst nichts.

Mit dem Ersten Weltkrieg begann die kurze heroische Periode des Frankfurter Apfelweinkonsums, eine typische Art Frankfurter Freimauertum. Die kriegslüsternen Preußen betrachteten Äpfel als „kriegswichtiges Gut", aber natürlich in seiner rein nahrhaften Form, das heißt zum Beispiel in der Konsistenz von Apfelgelee. Die Produktion von Apfelwein wurde untersagt. Die Frankfurter unterliefen das vaterländische Gebot und gründeten private „Apfelweinlogen". Unter hochgemuten Namen wie „Stark im Recht", „Freitagsgesellschaft", „Schillerloge" vertraten die Logen in schwieriger Zeit die Sache der Freiheit, schwarz gekelterten Apfelwein zu petzen. Was die apfelweintrinkenden Logenbrüder nicht wussten: Sie konnten sich dem schwäbischen Dichterfürsten Schiller nicht nur aufgrund ihres Freiheitspathos nahe fühlen. Schiller ließ in seinem Schreibpult regelmäßig einen Apfel verfaulen, um sich durch die Gärungsgase zu inspirieren. Wenn dem großen Schiller der vergorene Apfel in gasförmiger Form recht war, sollte er uns, Brüder und Schwestern, in flüssiger Form nicht billig sein? Zumal er ja in der Tat nach wie vor vergleichsweise günstig ist. Ganz wie die Grie Soß. Zwar gibt es selbst in Frankfurt noch keinen Messwein aus Äppler. Aber ansonsten gilt: das Gerippte muss zum Grünen!

Gesangbuch

Zahllos sind die Lobgesänge zu Ehren Frankfurts, der Grie Soß und der sieben Kräuter, die im Laufe der Jahre auf dem Festival erklangen. Hier findet Ihr, Brüder und Schwestern im Geist der Grie Soß, eine kleine Auswahl der schönsten Hymnen zum Nachsingen am heimischen Herd, vorm Kamin oder auch Open-Air im Kräuterbeet.

Frankfurt

Rock-Pop ♩ = 110

Text: Bert Bresgen/Maja Wolff
Musik: Andreas Neuwirth/Maja Wolff

KOMM SCHON

ROCK-POP ♩ = 144

TEXT: BERT BRESGEN/MAJA WOLFF
MUSIK: ANDREAS NEUWIRTH/MAJA WOLFF

Interlude:
Du grüner Mond,
bist aus Kräutern gemacht.
Sieben Zwerge
haben mich ausgelacht.
Komm mit auf meine Reise.
Frühling in Frankfrut, befreit vom Eise,
sind Fluss und auch die Einflugschneise!
Goethe gehts gut.
Komm mit auf meine Reise.

Und doch weiß keiner wo er wirklich steht,
und keiner weiß wie es wirklich geht,
und keiner weiß worum die Welt sich dreht,
in so'ner Frühlingsnacht!

Meine Liebe

Rock-Pop ♩ = 165

Text: Bert Bresgen/Maja Wolff
Musik: Andreas Neuwirth/Maja Wolff

Die 7 Kräuter für die Grüne Soße
(Kräuter-Gospel)

Gospel Feel ♩ = 92

Text: Hans. W. Wolff
Musik: Andreas Neuwirth/Maja Wolff

4. Strophe
Die Petersilie brauchen wir
jetzt dringend als die Nummer vier.
Nur Futter für das liebe Vieh
wär Grüne Soße ohne sie.
Die Petersilie, Kräutlein fein,
was wird wohl das nächste sein?

5. Strophe
Gebraucht wird nun auf alle Fälle
die sogenannte Pimpinelle.
Das Wort allein macht Appetit!
Die Pimpinelle hält uns fit.
Die Pimpinelle, Kräutlein fein,
was wird wohl das nächste sein?

6. Strophe
Man darf fürs Grüne-Soße-Essen
den Sauerampfer nicht vergessen.
Er schenkt der Soße mehr Aroma.
Das schätzen wir. Auch Oma, Opa.
Der Sauerampfer, Kräutlein fein,
was wird wohl das nächste sein?

7. Strophe
Nur einer ist da noch verblieben:
Der Schnittlauch ist die Nummer sieben!
Mit Schnittlauch ist die Soß perfekt.
So gut hat sie noch nie geschmeckt.

Gib Mir Soße!

Text: Becker/Wolff
Musik: David Neumann/Oliver Kuropka

Refrain

Borretsch, Kresse, Pimpinelle,
schneiden wir nun klein und das auf der Stelle,
dazu kommt etwas Sauerampfer sagt der Brauch!
Schmeckt mir auch! Schmeckt mir auch!

Die Petersilie, die wird fein gehackt,
der Kerbel kommt hinzu und sorgt für den Geschmack!
Vom Schnittlauch nehmen wir'n ganzen Strauch,
Schmeckt mir auch! Schmeckt mir auch!

Refrain

Jetzt fehlen noch die Sahne, Joghurt und der Schmand,
rein in eine Schüssel füllen - voll bis an den Rand!
"En bissi Spaß und gude Laune" werden gebraucht.
Schmeckt mir auch, schmeckt mir auch!

Und zu guter Letzt kommen all die Kräuter rein,
ich schneid' vorher aber noch die ganzen Eier klein!
Ich hab Kohldampf - und was sagt der Bauch?
Schmeckt mir auch, schmeckt mir auch!

Refrain

Und steht die Soß' frisch uffm Tisch,
bin isch uffgerescht un hibbelisch!
Die Pellkardoffeln neigetaucht,
schmeckt mer auch - schmeckt mer auch!

Des ganze schaufel isch mer nei,
so macht mer des in Frankfurt am Main!
Auf schepp dir's uff dein Teller drauf,
des schmeckt dir auch - des schmeckt dir auch!

Refrain

Soundcheck

Andreas Neuwirth: Keyboard, Chef und Tonangeber
Klaus Bussalb: Bass, ruhender Pol der Band
Christoph Maurer: Schlagzeug, niemals taktlos

Sie intonieren die Grüne Soße Hymnen makellos und begleiten seit Jahren Anton und die Gastkünstler – die Gartenzwerge. Außerdem probieren sie am gemeinsamen Tisch alle Grünen Soßen und dabei fällt manchmal nicht nur eine Kartoffel herunter, sondern auch so manche Bemerkung zur Soße und zum Fest ab. Hier eine typische Festivalwoche am Tisch der Band:

Samstag – Tag 1

„Ist euer grünes Hemd vom letzten Jahr auch eingegangen?"

„Klaus kommt wie abgesprochen immer zu spät."

„Proben ist überhaupt nicht so spießig,
wie Anton immer denkt."

„Also ich finde ja die grünen Schuhe peinlich."

Sonntag – Tag 2

„Heute ist in einer Soße Dill ... Garantiert!"

„Also mir schmeckt's – besser als die Fischsoße vom letzten Jahr."

„Oder die Curry-Soße ..."

„Minze hatten wir auch schon drin!"

„Sag mal – sind wir eigentlich versichert?"

Montag – Tag 3

„Heute war ein Gastronom aus Offenbach dabei – hab die Soße gar nicht rausgeschmeckt!"

„Du isst doch eh immer alle Gläschen leer."

„Heut seid ihr aber echt grantig – stimmt was nicht? "

„Die Hilde könnte ruhig mal mit ihrer Fleischwurst bei uns vorbeikommen ..."

Dienstag – Tag 4

„Ich kann mich heute ganz schlecht hören."

„Hat einer noch was von der Nummer 3 im Gläschen?"

„Sind bei uns auch Nummern drauf?"

„Gut, dass du dich in deinen Noten besser auskennst ..."

Mittwoch – Tag 5

„Welches grüne Hemd ziehe ich heute an?"

"Egal, am fünften Tag riechen alle gleich – komisch grün, wie Hilde immer sagt."

„Wahnsinn!"

„Was trinken wir heut zum Essen?"

„Andi, du bist der Chef, sag halt was."

Donnerstag – Tag 6

„Einer von den Köchen hat zu wenig Soße mitgebracht, das kann ja heiter werden ..."

„Dann machen wir halt einen internen Kartoffelwettbewerb!"

„Kartoffel-Festival oder was?"

„Und nächstes Jahr ein Eierkopf-Festival – du hast wohl 'ne Kräuter-Überdosis!"

„Kann man die eigentlich auch rauchen?"

Freitag – Tag 7

„Sag mal, wie überlebt ihr eigentlich 49 Grüne Soßen?"

„Brezel vor der Show – Bierchen nach der Show."

„Also ich geh heimlich vor jeder Show 'ne Wurst auf dem Festivalmarkt essen ..."

Samstag – Tag 8 – Finale!

„Der Firma „STAFF" sieht man die Woche jetzt aber auch an!"

„Also ich hab auch noch am 8. Abend Spaß."

„Ich freu mich jetzt schon auf's nächste Jahr."

„Was essen wir morgen eigentlich?"

Die Bekehrung

Wie kann ich den Weg zur Grünen Soße finden?

Machen wir uns nichts vor: Auf all diesen Seiten haben wir das Lob der Grie Soß von früh bis spät gesungen, haben berichtet von ihren gloriosen Taten, ihren kulinarischen Möglichkeiten, von denen, die ihr zur Seite standen und noch stehen, darunter nicht wenige, die berühmt und voller Geist waren, haben erzählt von Kämpfen, Siegen und Petersilie. Und doch ... Und doch gibt es immer noch solche, die den Weg zur Grünen Soße nicht gefunden haben. Und ich spreche da nicht von unseren verirrten Brüdern in Kassel, die dem Dill huldigen, die werden irgendwann zu uns zurückfinden. Spätestens nach der Documenta im Jahre 2032, auf der eine wiederentdeckte frühe Arbeit von Joseph Beuys, die „Grie Soß-Pumpe ohne Dill“, ausgestellt werden wird. Ich spreche auch nicht von all denen, die aufgrund widriger Umstände außerhalb Hessens zu leben gezwungen sind, in der Diaspora, in bedauernswerten Städten wie Berlin, Hamburg oder Köln, wo sie nur wenige Gelegenheiten haben, mit Grie Soß in Berührung zu kommen.

Ich spreche von Menschen wie Dir und Dir und Dir. Mein Freund Willy zum Beispiel. Lebt in Frankfurt, kommt aus Westfalen, glaube ich ... ich habe da nicht so genau hingehört, um ihn nicht zu beschämen. Soße kannte und liebte er jedenfalls nur in drei Variationen: 1. Jägersoße, 2. Currysoße, 3. Champignonrahm. Diese Soßen aß er zu 1. Schnitzel, 2. Wurst, 3. Schnitzel und 4. Steak, aber dann war es Sour Cream. Grie Soß hingegen verschmähte er grundsätzlich.

Wir machen immer Radtouren auf den Mont Ventoux. Einmal, wir waren schon fast am Gipfelkreuz, da sagte er zu mir:

„Anton, das mit dem Grüne Soße Festival läuft gut, aber was ich Dich fragen wollte: GLAUBST Du eigentlich an den ganzen Quatsch?" Ich gehöre nicht zu den Leuten, die viel reden wenn sie damit beschäftigt sind, auf den Mont Ventoux zu radeln. Trotzdem brachte ich es nach fünf Minuten fertig, ihm eine knallharte Gegenfrage zu stellen: „Wie?" „Na, ich meine Grüne Soße ist doch nicht mal ein GERICHT. Eher so eine ... Beilage, oder?" Ich schwieg, wissend, dass hier jedes weitere Wort verloren wäre.

Einige Monate später hatte er eine neue Frau kennengelernt, Eva, sie kam ursprünglich aus Marburg und sie lud ihn zum Essen ein. Ich traf ihn am nächsten Tag, er glühte sichtbar noch etwas nach. Ich fragte: „Und? Was hat sie eigentlich gemacht?" „Grüne Soße." „Ah, sonst nichts?" „Kartoffeln und hartgekochte Eier." „Und?" „Es war ... phantastisch." Willy hatte es begriffen. Er hatte seinen Weg zur Grie Soß gefunden. Und darauf kommt es an: Jeder und jede sollte den eigenen Weg zur Grie Soß finden. Da helfen keine allgemeinen Rezepte (außer denen hier im Buch natürlich!). Willy wurde plötzlich leicht

verlegen, was ich vorher nie an ihm gesehen hatte. Er sagte: „Äh, Anton, bitte sag Eva nichts davon." „Wovon?" „Na ja, dass ich gesagt habe, Grie Soß wär eigentlich kein Gericht ..." „Aber du hattest doch recht. Es ist eigentlich kein Gericht. Es ist ... mehr." So geschah es mit Willy.

Und wenn am Tag des Jüngsten Gerichts über die Frage entschieden wird, ob Grie Soß ein Gericht ist oder nicht, wo werdet Ihr da stehen, liebe Brüder und Schwestern?

Danksagung

Wir danken den Festivalfans und Köchen, die uns ihre Rezepte zur Verfügung gestellt haben und damit gezeigt haben, was mit Grie Soß alles möglich ist.

Wir danken allen, die durch ihre Beiträge, Interviews und Fotos dieses Buch zu einem himmlischen Vergnügen gemacht haben.

Wir danken den Schutzheiligen für ihre unsterblichen Verse. Mögen Sie dem Festival lange erhalten bleiben!

Wir danken Ulrike Kabisch und Lisa Stumpf, die das Buch mit gemacht haben und dabei eine Menge mitmachen mussten.

Und wir danken Euch, Ihr bekannten und unbekannten Grie Soß-Enthusiasten da draußen, denn ohne Euch wäre die Grüne Soße Bibel niemals entstanden.

Amen

Die Autoren

Bert Bresgen schreibt für das Grüne Soße Festival, verfasst kabarettistisch-musikalische Programme für Anton Le Goff, Jo van Nelsen, Rene van Roll u. a., surreale Hörspiele und Theaterstücke.

Anton Le Goff alias Maja Wolff sucht gern nach dem (Un)Sinn des Lebens. Als Kräuterprophet von Frankfurt hat er/sie mit dem Grüne Soße Festival und mehreren Soloprogrammen ein Stück Kabarettgeschichte geschrieben.

Impressum
Grüne Soße Festival UG
Maja Wolff und Torsten Müller
Ostbahnhofstraße 13
60314 Frankfurt

Abbildungsnachweis

Festival-Bilder

Seiten 15, 156 u.: © Hans Keller
Seiten 17, 83: © Harry H. Hochheimer
Seiten 18, 25, 60, 68, 83, 92, 147: © Matthias Bringmann
Seiten 19, 20, 24, 25, 26, 48, 50, 60, 61, 67, 71, 83, 103, 140, 151, 153: © Sabine Imhof
Seiten 25, 55: © Beatrix Hermuth
Seiten 27, 30, 32, 36, 38, 41: © Painting by Numbers
Seiten 65, 70, 71, 83, 154: © Oliver Wolters
Seiten 80, 94, 95, 155: © Frank Wintermeyer
Seiten 97, 159: © Jürgen Däuwel

Weitere Bilder

Seite 2: © orfeev – Fotolia.com
Seite 8: © Michael Zargarinejad
Seite 10 : © Gerald_G - openclipart.org
Seite 11: © Eva Kröcher - Permission: GNU-FDL / CC-BY-SA 2.5
Seite 12: © tv-nostalgie.de (Ausschnitt: Kaschi)
Seite 28: © Joachim Opelka – Fotolia.com
Seite 29: © Katrin Schander
Seite 31: © Nina Siber
Seite 33: © Hessischer Rundfunk
Seite 33: © Zerbor – Fotolia.com
Seite 34: © eyewave – Fotolia.com
Seite 35: © Timm Ortmüller
Seite 35: © mariusz_g – Fotolia.com
Seite 37: © Andreas Frommknecht
Seite 39: © Black Creek Visuals
Seite 42: © Sven Klügl
Seite 43: © Moguntine Creative Commons Attribution-Share Alike 3.0 Unported
Seite 56: © Ulrike Hölzinger-Deutscher

Wir danken allen Gastronomen für die Freigabe der Rezept-Fotos.